AF256003

Acorns, Apples, and Brainteasers:
A Fall Puzzle Wonderland
2023 Edition

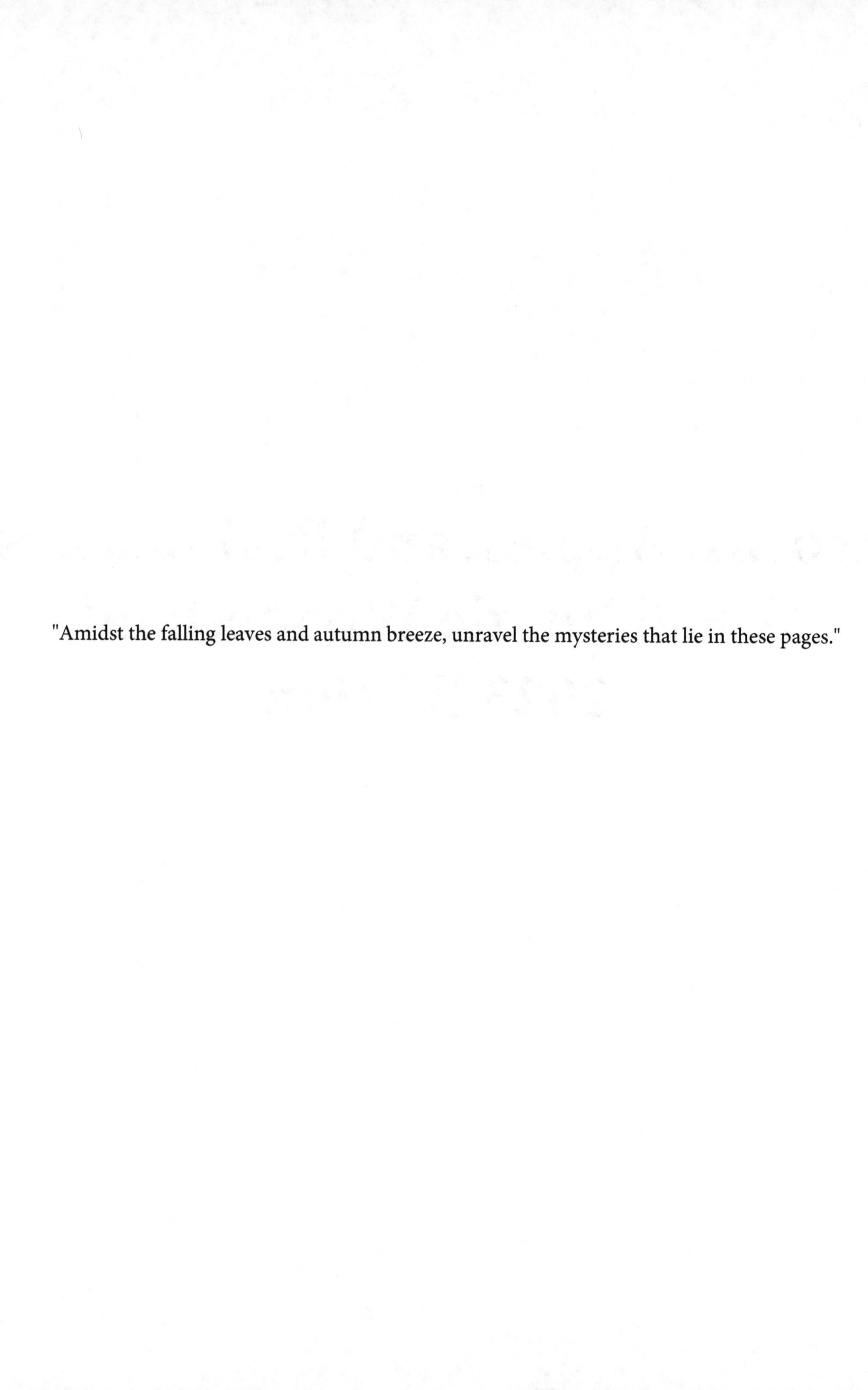

"Amidst the falling leaves and autumn breeze, unravel the mysteries that lie in these pages."

"As the leaves change color and the air turns cooler, our puzzle book invites you to immerse yourself in the essence of autumn. Each puzzle captures the charm and beauty of the season, celebrating the falling leaves, the cozy blankets, and the steaming cups of cider. Embrace the enchantment of fall as you challenge your mind and unwind with our thoughtfully crafted puzzles."

Word Search

Harvest Delights

```
Y S Y P W H N J O L M R Q R X
R Q J U C B V G M I C L I W K
L Q G E H R D X Y J I X S X Q
N X U O S S A A B S D P Q K R
T B W S U T A N M I E W C F P
S F Q D A R U U B H R A Q H B
L E U O F D D N Q E T U Z X N
J L M D R S R Y T S R D O A G
P P L I Z B S B Y S E R C U V
T N C L K X C A K L E E Y X V
C O E C X E H K P B P H P C A
V M U K E C B P X N Z O C A E
I M V K K Z A E N I S C I Q U
C I X E B R L E L K E S S O Y
B S G O C V Z F U P G H E U V
O R F H J I J W L M A O J U M
H E H C A E Y Z A U O M X L H
G P F M Y S V X N P G P M S Z
H K F N S G Q P Y Y U B V S V
V K Q S F W Q R C V Y O E Z P
```

Word List

Apple	Gourd	Pecan
Chestnuts	Haystack	Persimmon
Cider	Maize	Pumpkin
Cranberry	Maple	Squash

Autumn Colors

```
G  E  E  R  M  K  N  C  N  N  O  Q  A  R  O
F  M  V  E  S  D  O  X  H  Z  M  U  Q  C  W
J  W  L  E  E  M  M  Z  J  I  S  D  U  O  M
D  I  F  B  H  N  V  W  H  E  L  K  L  M  U
V  Y  S  D  D  R  J  V  V  Q  T  L  X  U  H
T  M  L  U  R  W  Q  A  E  V  E  Y  Y  H  F
N  C  Q  E  D  F  E  J  F  Y  B  M  M  U  L
C  N  B  P  M  L  R  O  T  P  W  L  J  N  A
W  M  V  X  D  G  L  O  C  W  I  N  D  Y  N
A  R  E  E  X  I  P  S  S  O  R  X  G  N  N
T  D  R  L  A  D  P  N  S  T  X  X  Q  Q  E
T  D  D  G  R  Y  P  V  L  G  T  F  Y  V  L
L  H  E  X  T  G  N  F  R  P  S  H  S  U  L
U  M  E  G  N  A  R  O  S  T  S  C  N  V  M
D  P  X  F  K  Z  H  I  B  F  A  M  M  H  I
I  W  U  U  T  A  X  N  V  R  B  Z  H  Z  D
L  Y  P  T  G  R  Y  V  F  S  N  O  Q  L  B
G  J  I  R  R  N  E  E  R  I  F  N  O  B  G
D  Y  U  M  A  W  M  D  S  S  J  Q  T  B  M
B  D  T  F  C  R  U  N  C  H  Y  F  Y  F  F
```

Word List

Amber	Flannel	Red leaves
Bonfire	Foliage	Scarf
Chilly	Frost	Windy
Crunchy	Orange	Yellow

Cozy Comforts

```
E  G  R  N  R  H  Z  S  H  K  Z  I  K  K  U
K  L  K  Q  L  P  O  D  B  D  U  A  D  L  K
F  O  O  O  I  Z  N  Z  M  R  Z  S  Z  T  G
S  O  E  M  H  W  O  B  G  G  E  H  T  S  M
N  W  S  P  G  H  E  B  P  L  Y  E  M  E  N
U  C  I  L  O  E  E  Q  A  E  C  L  F  Q  G
G  N  M  J  C  J  Y  B  U  A  T  G  D  N  V
G  R  A  S  A  Y  Y  R  L  I  N  T  C  C  L
L  E  X  E  O  A  T  P  Y  K  N  V  S  X  E
E  F  O  U  H  U  E  D  J  T  U  O  E  C  A
D  W  Z  L  U  R  P  N  I  T  A  K  X  R  V
V  U  V  A  I  L  B  U  G  C  T  Y  F  I  E
B  R  I  F  N  S  J  R  C  N  O  G  L  R  S
U  E  R  L  S  T  B  H  O  W  A  R  M  T  H
W  B  V  Y  R  F  I  V  G  B  J  M  W  P  C
Z  M  H  X  K  B  D  Y  A  C  S  V  G  O  R
A  E  E  D  I  R  Y  A  H  P  S  W  X  Q  R
P  V  G  V  S  Q  U  I  R  R  E  L  V  Q  A
F  O  L  R  P  G  L  C  J  O  R  R  D  T  P
T  N  Y  W  Q  S  W  E  A  T  E  R  C  O  N
```

Word List

Equinox	Leaves	Squirrel
Fireplace	November	Sweater
Hay bales	Snuggle	Warmth
Hayride	Soup	Wool

Halloween Fun

```
C Z U K J E M I T U W S F J Q
E L P P A L E M A R A C R R V
N U M J A C K O L A N T E R N
Z M S S N S N C E J K Y A S U
P G W S V W S I K V O M N Q T
V T E C M A R S H M A L L O W
J W A A H N K Q U I M Z B T M
E Y T R Q R P M Z G Y G A A W
K H E E J X Z E U K B E F F O
M A R C E L X H O S R D N A S
U Q W R Q Y A O C T W Z H G L
D X E O C P P C R X J I K T I
W Y A W U S L O I P B B T V G
P A T R S L K Z X S L O H C U
N C H Z F C T O U X M E I O H
B O E K I C X P H V I I H M Q
F R R R H V C U H D M X H Y D
P N T D C A R E H P K N N W O
O R P U M P K I N P A T C H E
Q X Y B X Q S N U A K M B E L
```

Word List

Acorn	Marshmallow	Sweater weather
Caramel apple	Pumpkin patch	Trick-or-treat
Jack-o'-lantern	Scarecrow	Whimsical
Maize	Spooky	Witch

Harvest Bounty

D D S N X M J C S R M B Y K U
P D J W Y E H I D A A K V O P
T I K J L M R A G T E K Y R R
X E N U B U Z Z R T N S E C E
A T R E M F S N W V L W Z H A
C A C J C T R H K Y E B C A B
R N P H E O N Q W M H S B R Y
A A P E H T N N N U S L T D Z
N R V E A A K E S G K V T O G
B G L I R B R A M B L E O V D
E E G Q N S Z V M U P A B K I
R M C F K E I Z E N S V A J E
R O V F A P Y M V S H Y R T E
Y P K Q T P W A M L T W F H F
S C B V K J U O R O V M D X B
A Z G F D I S S E D N U O J R
U V Y F B D N P R E D I C O Y
C S I Z H L M X P Z E V U C N
E B E M Q W P N T Y E K T R L
U C O R N U C O P I A M G J W

Word List

Bramble

Cider

Cornucopia

Cranberry sauce

Harvest

Harvest moon

Orchard

Persimmon

Pinecone

Pomegranate

Rake

Vineyard

Spice It Up

```
C H E S T N U T B R O W N Y U
E C U A S Y R R E B N A R C P
G S P I C E S U T D V Q M M E
K T Z R Q Q E C N E P A U H X
X Q G E M T U N N C H L M V B
S M O U R I D O K I I D E F D
E D F N H G F M V P A Y H S H
K Z P D Q D N U L S M F T P B
G B A U M E E G M G F A N I A
G H C K M S J A X E R P A C P
L B R A N P I Y P M O A S E P
L B U C R O K A M T T Z Y D L
O J W C D A M I N U J K R C E
Y S Q J O N M A N N M O H I P
D X A S G H X E N S B E C D I
Z D P F R A Q L L N P Y D E E
Y C J U F X R B W C I I R R C
Q B E W G R I D G D O C C R Z
K G T A F V O M V S K R G E S
K N T B J H A N I X O T N D W
```

Word List

Apple pie	Cinnamon	Pumpkin spice
Caramel corn	Cranberry sauce	Saffron
Chestnut brown	Nutmeg	Spiced cider
Chrysanthemum	Nutmeg-spiced	Spices

Fall Fun and Games

```
M  T  Y  H  A  Y  B  A  L  E  M  A  Z  E  G
G  N  I  T  A  E  R  T  R  O  K  C  I  R  T
G  L  F  A  E  Q  Y  D  D  O  T  T  O  H  B
D  J  G  A  X  T  D  B  B  M  E  B  S  F  E
N  S  O  L  L  C  T  Q  N  O  Z  E  V  S  U
X  O  U  S  J  L  H  A  B  D  V  Q  W  L  H
O  J  R  F  K  Z  I  C  L  O  E  A  V  N  E
E  A  D  F  N  Y  A  N  L  D  P  Z  P  F  H
Z  W  S  E  A  V  Y  G  G  J  E  Y  B  W  J
H  S  A  N  U  T  T  L  R  A  L  C  L  Z  D
I  R  N  K  S  I  Y  L  I  B  C  U  I  X  H
K  B  D  V  N  T  R  A  E  I  S  O  H  P  D
I  H  P  K  M  C  L  B  T  E  H  B  R  U  S
N  I  U  X  T  O  V  T  E  D  P  I  V  N  V
G  A  M  Z  V  R  L  O  N  R  N  O  E  K  S
B  I  P  K  E  N  P  O  R  R  H  S  U  H  K
O  U  K  O  N  M  H  F  N  Y  E  E  P  G  I
O  U  I  K  D  A  K  S  U  H  N  R  O  C  Q
T  R  N  U  V  Z  X  J  F  S  Y  Y  J  E  T
S  L  S  M  R  E  A  U  T  U  M  N  A  L  O
```

Word List

Autumnal	Football	Hot toddy
Corn husk	Gourds and pumpkins	Knit gloves
Corn maze	Hay bale maze	Spiced latte
Falling acorns	Hiking boots	Trick-or-treating

Thanksgiving Feast

```
C J P W M C N P W R A C G X O
X P U V I N E Y A R D A J Y U
G D M S L X Y H E T U H J R N
W J P M N V Y S F Z J Z Q H A
M F K S R U S T C O L O R E D
H V I T U R K E Y T K P U Y I
T N N C P G J B L M W R Y G C
L H C O X F B O G S X D E E E
E T A N A R G E M O P M M I X
K O R N P Q Z B Z O T Q Y P F
D R V L K P K K R U J S O N P
W X I L E S U A N E V U A I L
R T N X Q E G O K J C H K K O
E G G F T U R I S X Q U P P H
D G T W K J H B V H R P B M R
I V O W F N L T M I S Z Q U F
C E O O U F M F G Q N A C P K
X X L R Y T C H G O P G U C H
J J S U R W M T Q K X R R Q B
Y N O V E M B E R C H I L L S
```

Word List

Cider	Pumpkin carving tools	Thanksgiving
November chill	Pumpkin pie	Turkey
Nutmeg	Rust-colored	Vineyard
Pomegranate	Squash soup	

Fall Fashions

```
B P W Q C R X C H Z C C S Z E
A U I Z M P G X T P Y A U D F
H M C E X U Z Q E O H B O B H
V P F G I A A O I M Q L H G D
L K M T I N U C Q E B E F T C
V I D J D W D T U Q I K Z R O
P N F G J M G I U W W N R I R
U P W B Q I Z J A M Z I G H N
G A P E K N I T K N N T J S M
J T R U S T I C D E C O R L A
D C I R M X O Y U V O O N E Z
I H F D V P D V E B Q O R N E
O L N J E Z K Z W L X C L N Q
R D E L I C C I W I S L T A E
G W P D D J N W N P H I C L N
Z P N V S C H X K B J B A F J
A R Z D U V H T P R K B N P E
W S W E A T E R D R E S S E S
G T B P Z P N E N R E F Z F S
R M E K V W L D F C B J H W I
```

Word List

Apple	Flannel shirt	Pumpkin
Autumn	Indian corn	Pumpkin patch
Cable-knit	Knit	Rustic decor
Corn maze	Paisley	Sweater dresses

Pumpkin Craze

```
R  G  J  F  C  O  H  F  N  K  X  Y  X  O  M
Z  C  P  B  U  N  V  T  N  J  M  E  I  G  R
X  E  D  Y  Q  J  I  I  J  I  F  U  J  M  I
I  E  X  J  P  M  K  I  V  E  Z  C  S  R  L
K  C  Y  V  P  U  M  P  K  I  N  F  A  R  M
M  I  R  B  N  L  S  E  P  P  L  B  U  U  T
F  P  N  T  O  W  J  R  N  N  O  T  T  P  D
R  S  A  A  P  P  L  E  P  I  C  K  I  N  G
G  N  I  K  C  I  P  N  I  K  P  M  U  P  C
M  I  T  L  Z  C  U  T  G  P  Y  F  N  L  A
L  K  Q  D  A  W  N  Z  K  M  Z  U  O  N  R
K  P  A  C  K  G  P  C  X  U  Z  W  T  I  A
C  M  E  X  K  C  V  Z  E  P  Q  D  N  I  M
S  U  O  T  J  R  U  Z  K  Z  D  U  O  T  E
L  P  U  M  P  K  I  N  B  R  E  A  D  A  L
P  U  M  P  K  I  N  L  A  T  T  E  G  U  A
N  G  H  Q  J  Y  W  M  J  L  T  W  S  I  P
S  W  E  A  T  E  R  W  E  A  T  H  E  R  P
P  G  W  V  B  I  E  Z  J  B  W  J  Z  D  L
W  Z  N  E  M  P  I  G  O  N  E  Z  U  V  E
```

Word List

Apple picking	Pumpkin latte	Sweater weather
Caramel apple	Pumpkin pie	
Pumpkin bread	Pumpkin spice	
Pumpkin farm	Pumpkin-picking	

Nature's Wonder

```
O D Q G Z O M T K N J O H T Y
D N A L D O O W V H V E M U T
S R M C H N Q E N D K Q W N C
N U A G G Y S A A I J I C L W
O S P T Y N C O H A E W K E Y
S T O I I B I T S Z G S O Z K
A L J X F Z S B T T R O S A Z
E I F B S E P U A K X A R H P
S N D F R X E O R C R S E G J
T G O O B G U D L Z G Q W I T
S L F C T H R G I C F O O N E
E E L M E P I G T R E B L K N
V A R R J N I Y N H Q W F G I
R V V E F T I N I A S X N O W
A E G O P N S P G Y D C U L D
H S P B W F B Z H L R Q S E E
G K D H C V X C T O K U J A L
C P R V S P V V S F J I I V L
L Q X C G H W N X T D S V E U
X D W K N J Z Y U Z I E B S M
```

Word List

Forest hike	Hazelnut	Rustling leaves
Ginkgo leaves	Log cabin	Starlit nights
Harvest season	Mulled wine	Sunflowers
Hayloft	Pinecone	Woodland

Spooky Night

```
S R E T A E R T R O K C I R T
B Q F S Q U Z J U R P U O P Y
Q F G X C Q K C A T S Y A H K
L L U U Q A N E E W O L L A H
X U D Z Y M R B G U G Q T L L
Q Q F G T A N E C R O Y E L E
E M I V G J I X C C X M Y X E
N I C E K S P C H R A M S F E
P W S P O O K Y J R O Y Q C C
V H F F B U Z S A Z Q W W H H
E S B E C E J C Y R W S E C A
V O V C B E H P N T Y S W I Y
O Q K D B R G D V Q T S V H R
D I L Q W W A H Q N Q A V U I
H K P H M R X M U S M N H X D
G S U M T Y O T B E J C X Z E
Y O H W W N S T Z L T R V Y T
P V U I W O A I V I E V G F J
M T R R V X A S W S W P Q Z X
P P F G D M B P K I U P W S E
```

Word List

Bramble	Halloween	Scarecrow
Caramel	Hayride	Spooky
Chestnuts	Haystack	Trick-or-treaters
Gourd	Maize	Witch

Autumn Fruits

```
Y U B M P Z H L O C Z K J S B
N U C Q E R E X X H Z K Y R V
G I B F R Z R I Y A E O U C C
V I K D S D L O H H F R E R C
K Q Q P I I H O O F N I Z A Z
O E T C M O F E T D A A R N M
A B L A M U D S A P U A T B C
G P I C O X P O P K M G O E C
A L P U N V J L P E V F H R D
U P D L D F E B L Z P X D R A
N V P L E S S A E J F G R Y C
M D P L A C P F C L C Q Z S K
B H R U E P I I I H H Y J A G
A Y C M L P K D D E B K M U Z
T E C E V M I N E H C I L C W
P R W L T P A E R R C G U E C
X P O M E G R A N A T E G L H
X Z C E T A N A R G E M O P M
Z C R A N B E R R Y S A U C E
J D H S H X U I J V Y V G P A
```

Word List

Apple cider
Apple pie
Applesauce
Caramel apple

Cranberry sauce
Cranberry sauce
Hot apple cider
Persimmon

Pomegranate
Pomegranate
Pumpkin

Fall Aromas

```
A  J  S  C  A  R  A  M  E  L  C  O  R  N  D
S  P  I  C  E  D  L  A  T  T  E  I  T  W  G
H  T  F  H  E  T  V  Y  M  B  I  Z  Z  O  E
R  M  U  X  M  T  Y  J  A  S  O  X  B  I  C
M  P  X  Y  E  W  A  I  G  K  U  Y  B  F  I
F  U  Z  O  G  B  S  N  E  C  R  U  M  G  N
E  J  I  K  Z  N  Z  V  A  R  H  H  V  B  N
C  A  M  P  F  I  R  E  E  R  Z  D  I  J  A
U  R  R  I  R  M  Y  B  N  Q  G  G  H  E  M
A  E  B  A  K  I  N  G  U  D  P  E  N  Y  O
S  D  F  T  S  A  U  E  T  D  U  O  M  L  N
Y  I  W  T  R  V  F  R  M  Y  G  Z  B  O  S
R  C  C  C  M  U  L  L  E  D  W  I  N  E  P
R  D  W  C  N  J  R  M  G  N  E  E  S  H  I
E  E  Y  C  Q  N  N  F  S  U  C  Y  Z  W  C
B  C  T  U  R  Z  K  I  P  T  R  C  D  P  E
N  I  A  N  R  G  U  Q  I  M  O  Y  G  L  O
A  P  T  P  Y  Y  K  K  C  E  X  I  G  R  S
R  S  Q  Z  X  K  W  Q  E  G  S  M  Q  V  H
C  Q  Y  M  T  Q  U  G  D  F  U  S  K  H  G
```

Word List

Baking	Cranberry bog	Nutmeg-spiced
Campfire	Cranberry sauce	Pomegranate
Caramel corn	Mulled wine	Spiced cider
Cinnamon spice	Nutmeg	Spiced latte

Fall Time Fun

```
E C U A S Y R R E B N A R C K
E E B P R Z F X C K R W W R Z
T Q T E U B E K C B Z A E I O
Q V S E K M A N S B X A W V S
K S E Y N Z P C U I M O Z L X
Q E V G S I S K D T R N O L L
K Q R G R F W Q I C M W E D S
X F A P W V H D E N O E U Q N
P B H G O L A R E B P G G U S
T E Y R C M A M V L U I T Z S
Z M R Z W C E K M G L M E W Q
A U R T S X N G I N E U Z X U
R O E G L D N K R G K S M H A
Q E B U V U Y S S A Q M V I S
B Y N E I M V P V U N P Q J H
Y E A D B H I R H Y O A T Y S
M K R L G C L X D U Y E T X O
L R C L E U X X S A A B S E U
O U B D W G B J C N J O P J P
A T S S B Y K B D S V G H R O
```

Word List

Cranberry harvest   Nutmeg-spiced   Squash soup
Cranberry sauce   Pomegranate   Turkey
Mulled wine   Pumpkin pie
Nutmeg   Scarecrow

Seasonal Traditions

```
K G E C I P S N I K P M U P S
I R X P U M P K I N P A T C H
G B I L P L U H O P X N K C V
P N X Y M S J Z M N A S S M E
U T I F Q V B W I X S I D C Z
M U P T F Y N K Z U C G F R A
P Q W C A M E H H S G E L G M
K Y I I W E X D T R T V N B E
I M L H G B R A I T R I Z G L
N M Y T G C O T A R K A C A A
P L T P I P O L R C Y K G S B
I Y M F F Y N R I O Z A V P Y
E T H S E I N P N D K R H V A
M A C K K U E J G U W C A P H
N I R P K L R L Q E C X I D D
O U M J P Y K X S L L O Y R F
T U W P F T I L Y J W E P D T
P H A D T L S W U Q R P R I G
Z B O S L G F K W Q J H O V A
T C V J V V T Q Z Q I R L R D
```

Word List

Apple picking

Cornucopia

Hay bale maze

Hayride

Pumpkin latte

Pumpkin patch

Pumpkin pie

Pumpkin spice

Trick-or-treating

Turkey

Fall Delights

```
W  B  P  S  V  I  X  E  J  D  U  E  S  W  D
I  E  K  T  T  Y  W  Q  Y  L  X  Z  Q  O  N
P  E  B  K  S  X  J  R  T  P  H  I  H  P  O
N  X  U  W  G  M  R  W  A  L  F  A  C  S  M
C  W  D  J  M  E  G  R  R  R  J  M  P  W  M
T  Y  E  W  B  D  P  R  S  U  T  P  E  U  I
B  O  K  N  S  B  R  U  G  E  I  A  C  H  S
D  N  A  V  E  O  E  B  M  O  C  U  A  B  R
L  R  P  E  W  I  A  G  A  P  U  I  N  K  E
C  H  F  E  N  O  I  O  A  X  K  R  D  E  P
N  M  P  P  Z  J  K  K  L  Y  F  I  D  E  Q
C  S  T  U  N  T  S  E  H  C  K  P  N  P  R
E  J  J  V  T  H  E  L  P  P  A  V  V  M  N
P  T  L  Q  S  Q  U  A  S  H  E  B  T  O  J
N  L  E  S  H  A  W  Y  R  I  Q  O  S  E  B
V  O  V  U  F  S  S  S  Q  F  E  E  L  Z  J
H  Z  L  Z  J  L  Z  Z  L  E  H  P  G  D  Z
G  H  A  Y  S  T  A  C  K  Y  A  X  T  Y  L
S  E  F  Y  R  C  F  V  S  M  H  U  I  S  D
W  C  G  X  P  E  M  Y  J  Y  B  W  Z  V  M
```

Word List

Apple	Gourd	Pecan
Chestnuts	Haystack	Persimmon
Cider	Maize	Pumpkin
Cranberry	Maple	Squash

Vibrant Colors

```
O X M Z R E R X G H H F Y Z Z
I O Q M H A D C V G A W Z X F
B T R P R E R A A F H D L H S
K V G A G U W O L L E Y N R C
A W L I N A C I T A N H N L P
U L I C F G M T S B M O B N A
I Z H N I Z E B K Y X B S I S
T Y X Z D R T T E G F O E X Q
E F M O I Y I M S R O Y V M M
O M L F I A S G I T A T A T Z
Y C N A F W A O G W Q J E L E
G O D G N R U Z V I V Z L J C
B X C B A N O Q R J M C D N W
Q C J T S R E S N N F H E H X
H M V Z J B D L T O E I R M M
C Z F T Q Y C Z J J Y L T S J
G C O S O E X I G N A L I N S
D D F K R W S C A R F Y R G P
R E G A I L O F X J S N I E P
B S M I Q A D E I E D O V X H
```

Word List

Amber

Bonfire

Chilly

Crunchy

Flannel

Foliage

Frost

Orange

Red leaves

Scarf

Windy

Yellow

Cozy Vibes

```
F D Q Z X P K S I D K D S H F
M I E E F E J K W F P L F A F
A J R P V R E T A E W S P Y C
G L R E G R Z P P C J T H B O
A A O F P G R S T D B K E A U
P M G O B L Q K Q H K O G L D
U U V O W U A B E Z T H O E Z
X B C O I I U C A N P S K S W
A D Y R V Q G D E U T E F H T
C C R Q C C H A G H D V W N N
O E A E L G G U N S U A K O N
L C J R V B J T G Q B E C O L
F Q W V X W O E W D B L V K X
P A K M C A G E D P U E R X O
Z U B R I R H W U I M E U O N
X F V F I M F O T B R U M P I
L W A U Z T S W E L R Y K X U
D F C C V H D R E O L Y A H Q
R V O M C W P T N H U I R H E
H K V P S R F F M J L R J J K
```

Word List

Equinox

Fireplace

Hay bales

Hayride

Leaves

November

Snuggle

Soup

Squirrel

Sweater

Warmth

Wool

Halloween Excitement

A	I	E	L	M	U	K	S	Q	I	V	F	W	T	Y
F	P	U	M	P	K	I	N	P	A	T	C	H	P	V
G	G	N	W	B	Z	N	C	S	O	K	P	S	Z	T
N	R	O	C	A	J	P	J	F	U	O	N	P	J	T
U	J	Y	E	H	X	U	J	U	T	R	K	N	H	L
C	T	E	H	Z	W	R	X	W	P	P	E	Y	V	S
L	R	L	A	K	H	J	S	R	Q	T	L	S	W	N
D	I	P	V	X	I	D	X	S	Z	W	Y	E	R	H
B	C	P	F	Y	M	E	K	Z	J	X	A	E	W	W
V	K	A	J	C	S	W	G	C	N	T	T	A	W	U
X	O	L	L	B	I	U	O	B	E	N	L	P	D	M
Y	R	E	H	P	C	Q	R	R	A	R	J	Z	E	N
O	T	M	Q	C	A	T	W	L	C	C	C	X	E	Y
U	R	A	J	R	L	E	O	V	S	E	J	W	E	W
H	E	R	E	N	A	K	R	O	F	U	R	O	B	R
W	A	A	R	T	C	L	U	K	M	C	G	A	H	I
I	T	C	H	A	G	T	M	N	G	A	X	E	C	C
T	O	E	J	B	G	B	A	R	B	C	I	A	F	S
C	R	V	C	L	D	F	Q	T	Q	A	D	Z	Q	Q
H	W	O	L	L	A	M	H	S	R	A	M	L	E	C

Word List

Acorn	Marshmallow	Sweater weather
Caramel apple	Pumpkin patch	Trick-or-treat
Jack-o'-lantern	Scarecrow	Whimsical
Maize	Spooky	Witch

Bountiful Harvest

```
R  K  R  P  V  C  X  T  Y  U  B  J  L  L  E
A  J  S  X  C  W  S  P  O  F  Z  H  U  T  A
Q  Z  X  N  D  E  P  R  F  V  Q  D  A  I  L
P  R  Q  P  V  K  E  G  I  I  N  N  P  J  Z
G  I  F  R  R  D  I  N  I  J  A  O  N  O  U
C  P  A  J  I  D  E  S  F  R  C  F  E  D  X
R  H  H  C  G  Y  P  E  G  U  V  M  L  J  S
A  M  O  U  A  G  D  E  N  J  V  J  I  I  Z
N  T  T  R  M  R  M  R  R  S  O  C  A  S  U
B  W  D  E  W  O  O  W  H  S  P  T  R  E  Z
E  D  K  W  P  C  Q  T  E  X  I  E  I  M  B
R  C  H  R  Y  S  A  N  T  H  E  M  U  M  O
R  O  A  S  P  I  N  E  C  O  N  E  M  V  M
Y  B  L  U  I  W  D  H  Y  D  B  W  I  O  U
S  Z  R  I  V  E  K  R  Y  R  G  P  W  Y  N
A  H  S  A  K  K  K  P  A  N  J  M  T  J  E
U  G  G  A  M  W  S  Q  X  H  S  X  W  P  M
C  R  R  P  N  B  P  Q  K  C  C  M  M  Y  M
E  D  C  P  O  U  L  T  Z  S  D  R  X  A  N
F  W  T  W  C  V  P  E  O  A  Y  C  O  Q  A
```

Word List

Bramble	Cranberry sauce	Pinecone
Chrysanthemum	Harvest	Pomegranate
Cider	Orchard	Rake
Cornucopia	Persimmon	Vineyard

Spice Adventure

```
V E C I P S N I K P M U P G M
E C Y G T E X G R P Y C N C O
K X A C K A T L L Q S I P J R
B F Y R N F G X J P L N X R F
C U N L A W O E F L P N V E N
E R U U W M T Z A X F A V D W
S U A A T A E B H Y M M B I I
M P L N B M T L W B O O L C Q
B L I J B O E G C M J N L D G
K G L C O E L G Q O V H Q E K
G H Y F E A R G S H R E Y C G
S G E K Z S E R L P I N P I M
A K I Y R M Q D Y P I F N P G
F T S V T Z R J E S B C I S I
F W F U S N O L E P A J E M Y
R R N V M I P X E X U U K D O
O G W M P P R K B E W E C U M
N U F Z A R U M M T D A A E Z
Y J F Q U K W D Y U K T A F O
C H E S T N U T B R O W N T W
```

Word List

Apple pie	Cranberry sauce	Pumpkin spice
Caramel corn	Football	Saffron
Chestnut brown	Nutmeg	Spiced cider
Cinnamon	Nutmeg-spiced	Spices

Fall Sports

```
Q C I Y R C J F F N J Y G Q S
N H Y G W Z Q R N A Q W N F T
F Q V E A T A X O Q Q W J R U
Y T T A R C C S U C U S Q O T
M D A S O I T X Z Q H J C S R
S E A X K V I N E Y A R D T E
R C W L S C Q C S P C T X J P
O I E K X C C Z S E H X Y W U
V D B E U J E I Q A V I Z N M
A U M O N L R T N Z O P E O P
L O M K W C E K S O Q X E H K
F U U E B W S B N P G I R Q I
I S L A E G C F O L G A B D N
U T K K I S O B G H J K W H C
D P A V E I Q E A A T Q E G A
V R I C N O S U W R E Z E N R
U N I J G X I O U F G N J W V
G P Q S J A D L S K W B D N I
S T X S E H T L L R N I V T N
V E E H Y J H L D I J U X A G
```

Word List

Breezy	Frost	Thanksgiving
Crisp	Pumpkin carving	Vineyard
Deciduous	Rake	Wagon
Flavors	Spices	Wagon

Thankful Gatherings

```
X  R  X  X  G  B  V  V  D  E  P  D  K  E  S
K  Q  Z  D  K  Y  E  I  I  Y  K  J  D  B  X
Q  A  K  T  E  S  Y  A  N  G  Q  B  Y  V  X
X  J  Y  K  S  U  J  I  Z  E  I  T  U  V  B
R  P  R  M  Z  O  R  S  M  E  Y  V  K  Q  F
S  U  C  J  N  U  R  Z  M  L  Q  A  I  Z  A
T  F  A  W  I  D  J  F  E  P  S  I  R  C  H
I  N  B  W  V  I  N  R  U  S  C  W  S  D  O
O  J  L  M  C  C  R  W  R  V  A  E  F  B  T
F  Z  E  O  W  E  Z  O  F  G  G  W  V  G  C
E  B  K  I  E  D  V  Q  O  M  G  L  H  U  O
N  U  N  I  X  A  Q  N  W  L  L  P  J  J  C
U  D  I  T  L  Y  C  O  H  Z  G  Y  O  M  O
Q  X  T  F  K  E  T  T  L  E  C  O  R  N  A
L  T  U  J  K  D  S  H  P  A  K  P  O  D  Y
M  L  E  C  U  L  T  F  Z  X  E  T  V  O  J
W  R  E  V  Q  B  Y  A  R  Y  H  D  P  L  Q
X  S  Y  I  Z  B  R  E  E  Z  Y  V  T  P  X
K  P  U  M  P  K  I  N  C  A  R  V  I  N  G
B  P  R  E  N  D  A  S  B  O  G  J  X  S  Q
```

Word List

Breezy	Flavors	Pumpkin carving
Cable-knit	Frost	Turkey
Crisp	Hot cocoa	Vineyard
Deciduous	Kettle corn	Wagon

Fall Trends

```
J  Z  N  O  F  H  V  Y  Z  G  O  U  Z  W  P
S  I  Y  T  B  C  M  W  X  T  G  U  V  J  U
W  Y  L  H  E  Z  A  M  N  R  O  C  I  G  M
E  C  P  C  E  L  P  P  A  W  T  J  Y  N  P
A  S  Q  O  A  T  W  F  N  A  Y  G  X  K  K
T  J  X  F  B  T  N  O  X  K  T  L  I  Z  I
E  S  F  A  L  V  S  A  L  D  U  T  K  H  N
R  I  K  T  I  A  P  A  I  S  L  E  Y  B  P
D  G  N  T  R  E  N  D  S  E  W  R  E  N  A
R  N  U  D  X  B  V  N  K  B  R  P  M  K  T
E  N  N  S  I  T  L  C  E  O  O  U  T  E  C
S  G  I  X  Y  A  Q  X  C  L  T  U  Q  F  H
S  O  K  S  O  U  N  E  X  U  S  D  I  F  C
E  M  P  N  T  G  D  C  A  M  R  H  P  G  U
S  T  M  X  I  C  O  U  O  X  M  P  I  J  H
M  Y  U  F  I  T  A  W  R  R  N  S  L  R  C
R  F  P  T  O  J  S  C  E  G  N  G  G  X  T
Z  R  S  N  J  W  S  T  Z  N  W  N  T  O  A
Z  U  D  Z  F  E  H  A  H  G  R  N  Y  O  Q
R  E  G  F  Z  L  O  Q  F  L  R  V  L  Y  B
```

Word List

Apple	Indian corn	Pumpkin patch
Autumn	Knit	Rustic decor
Corn maze	Paisley	Sweater dresses
Flannel shirt	Pumpkin	Trends

Answers
(Word Search)

Harvest Delights

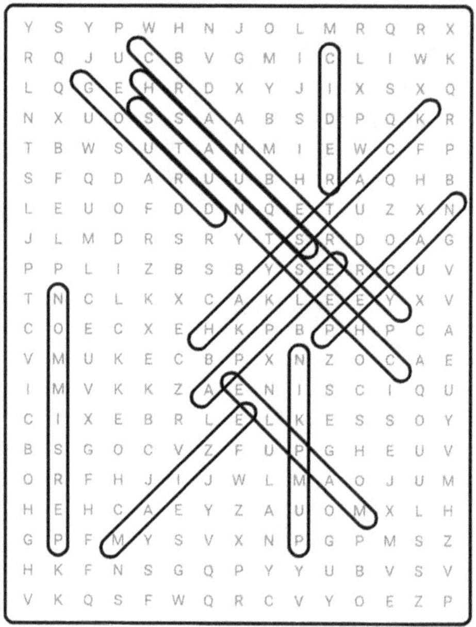

Autumn Colors

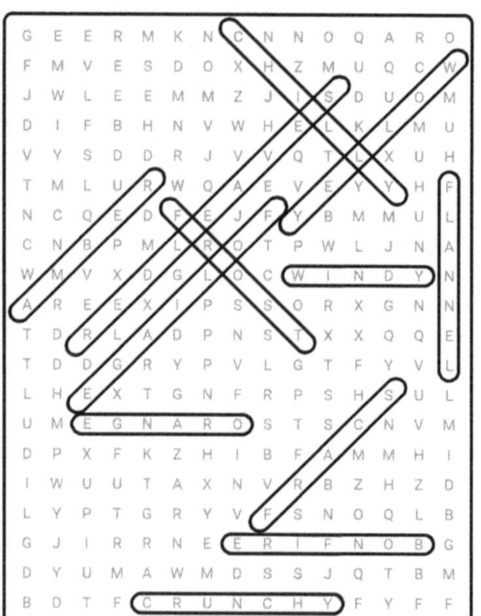

Cozy Comforts

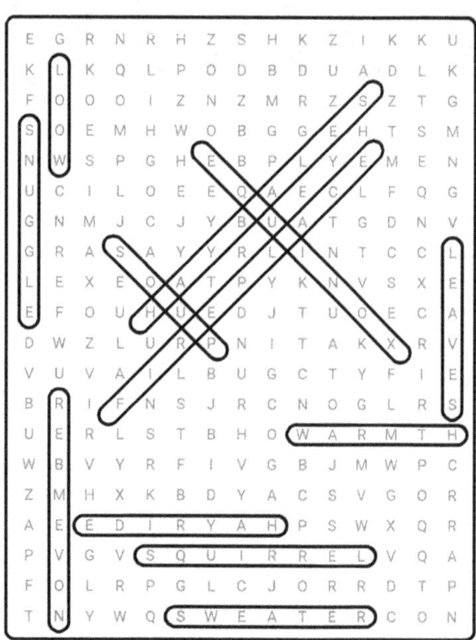

Halloween Fun

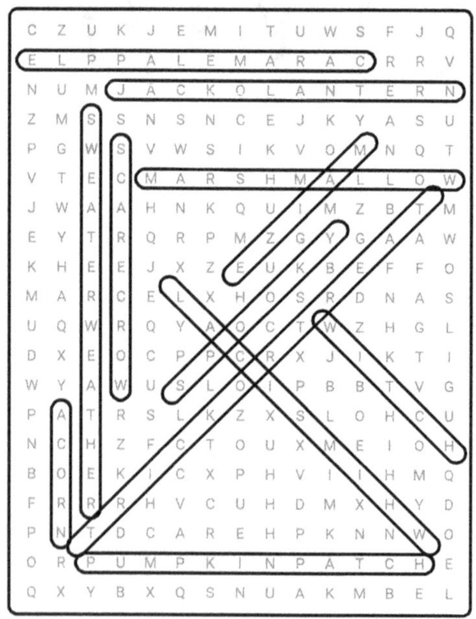

Harvest Bounty

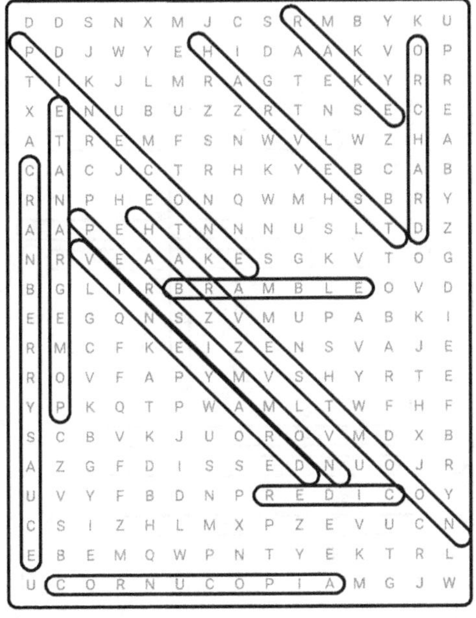

Spice It Up

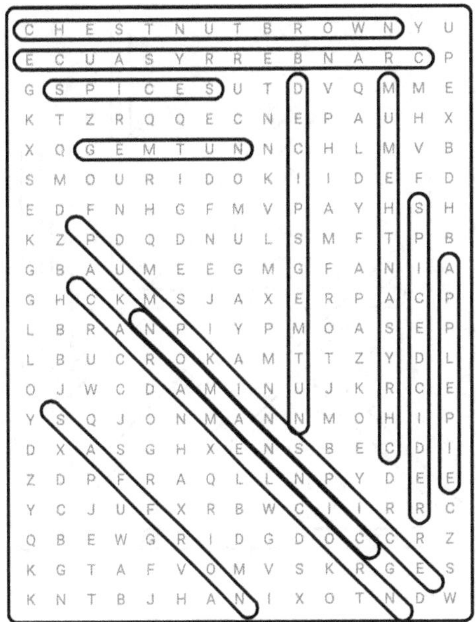

Fall Fun and Games

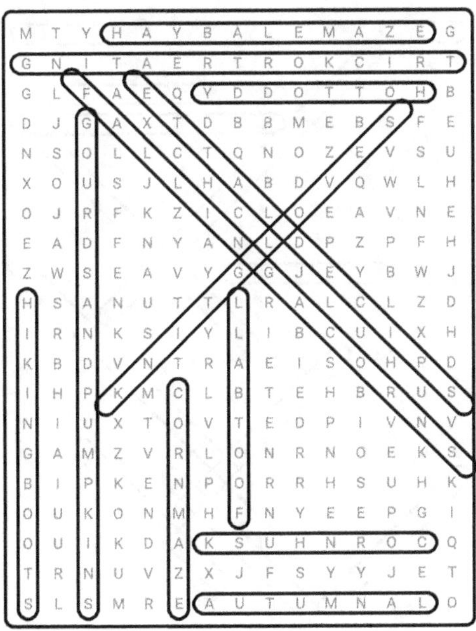

Thanksgiving Feast

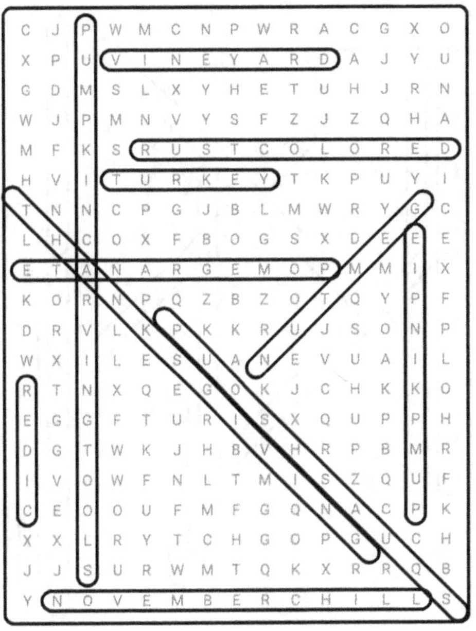

Fall Fashions

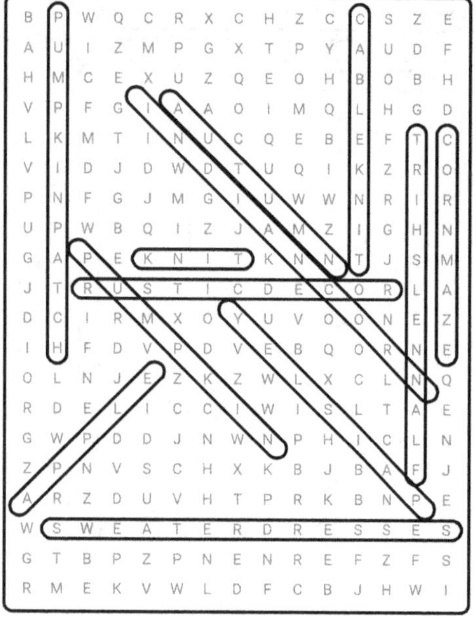

Pumpkin Craze

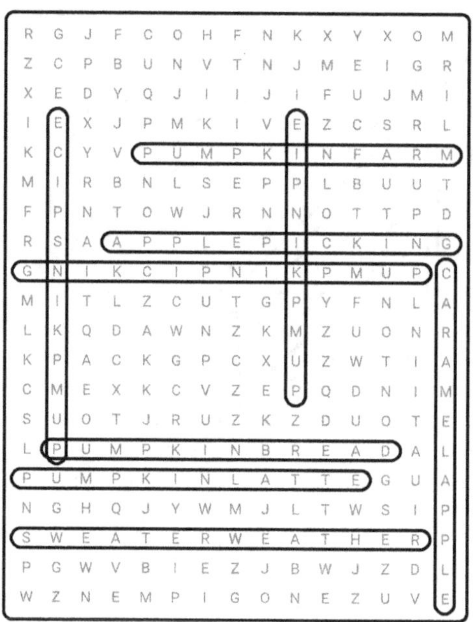

Nature's Wonder

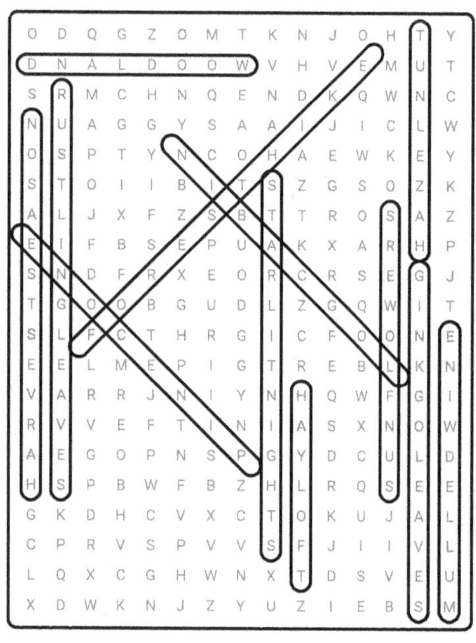

Spooky Night

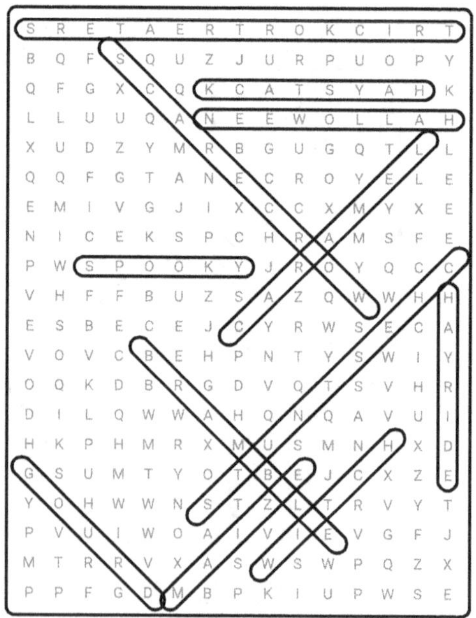

Autumn Fruits

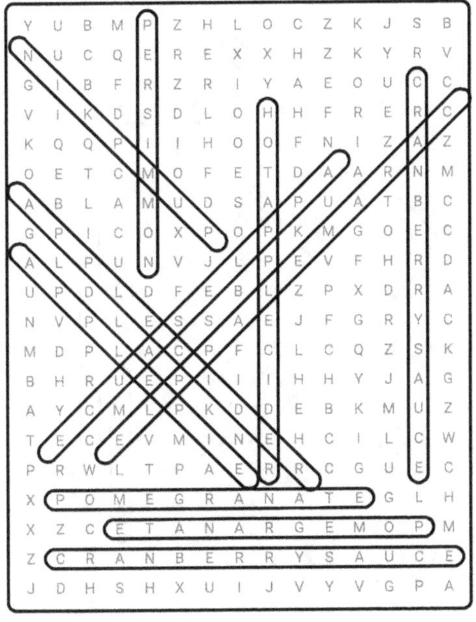

Fall Aromas

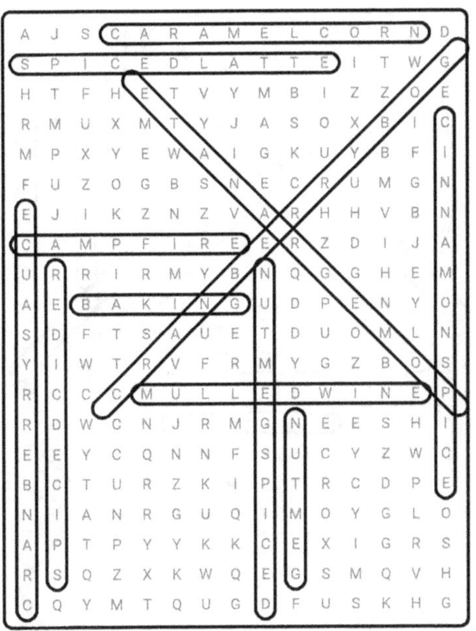

Fall Time Fun

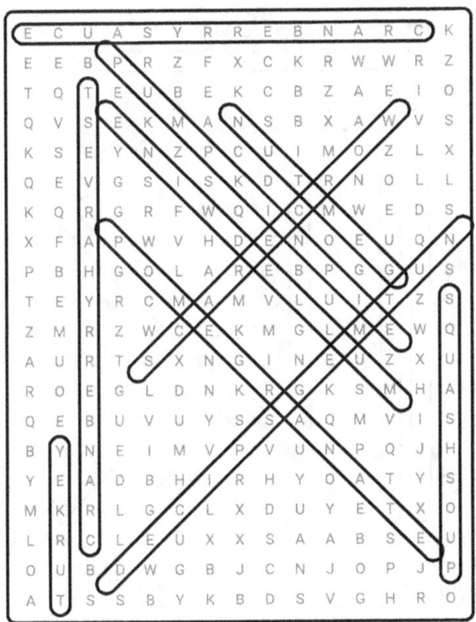

Seasonal Traditions

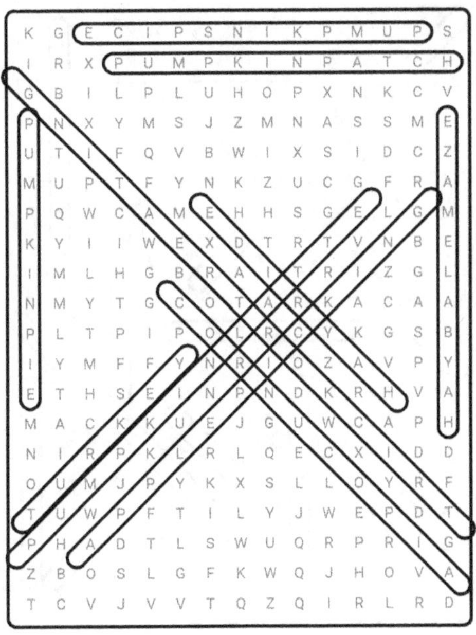

Fall Delights

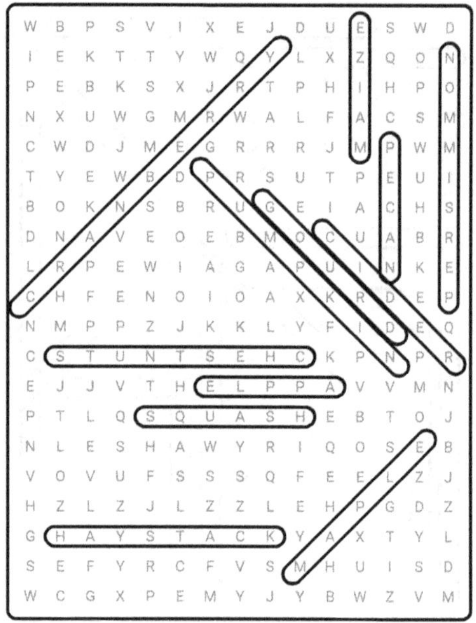

Vibrant Colors

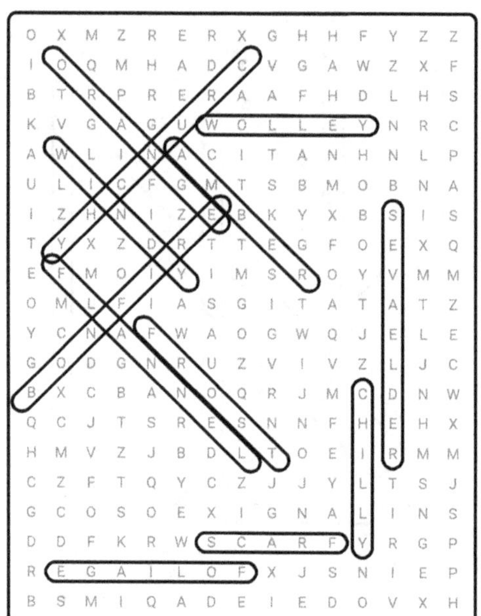

Cozy Vibes

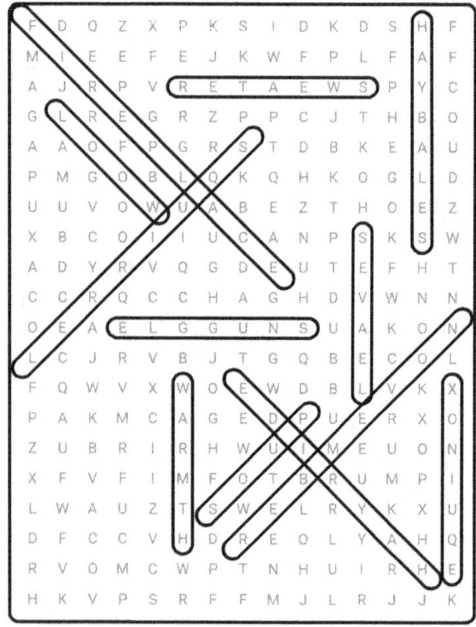

Halloween Excitement

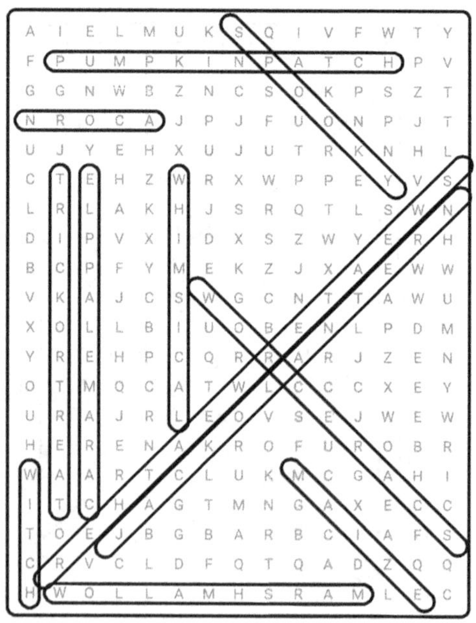

Bountiful Harvest

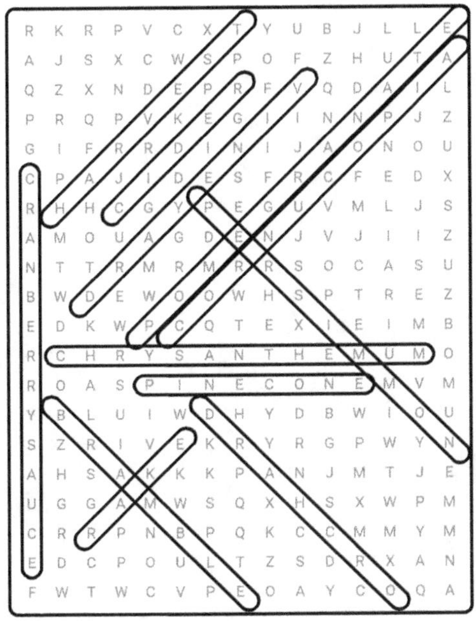

Spice Adventure

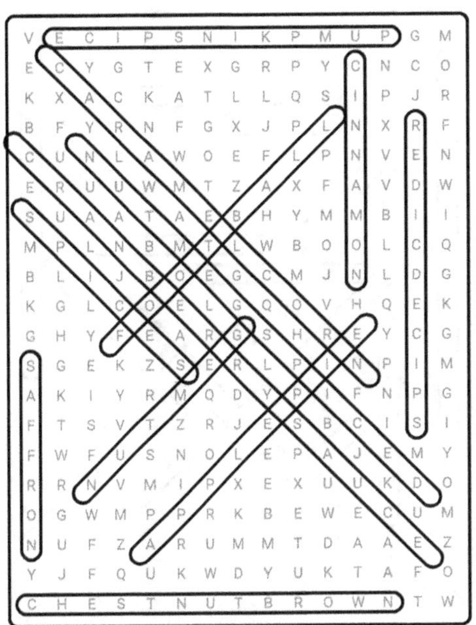

Fall Sports

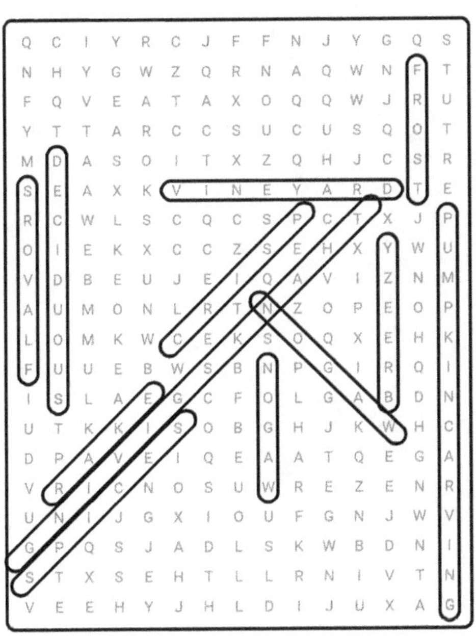

Thankful Gatherings

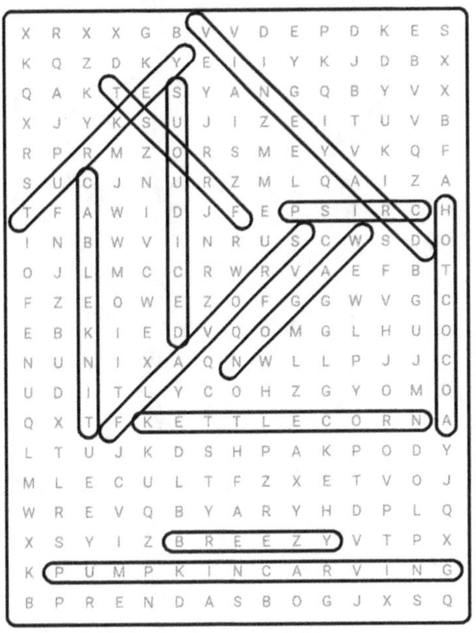

Fall Trends

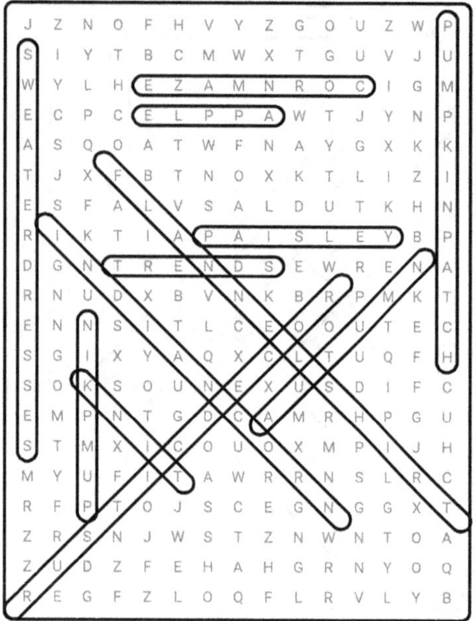

Crossword Puzzles

Crossword Puzzle 1

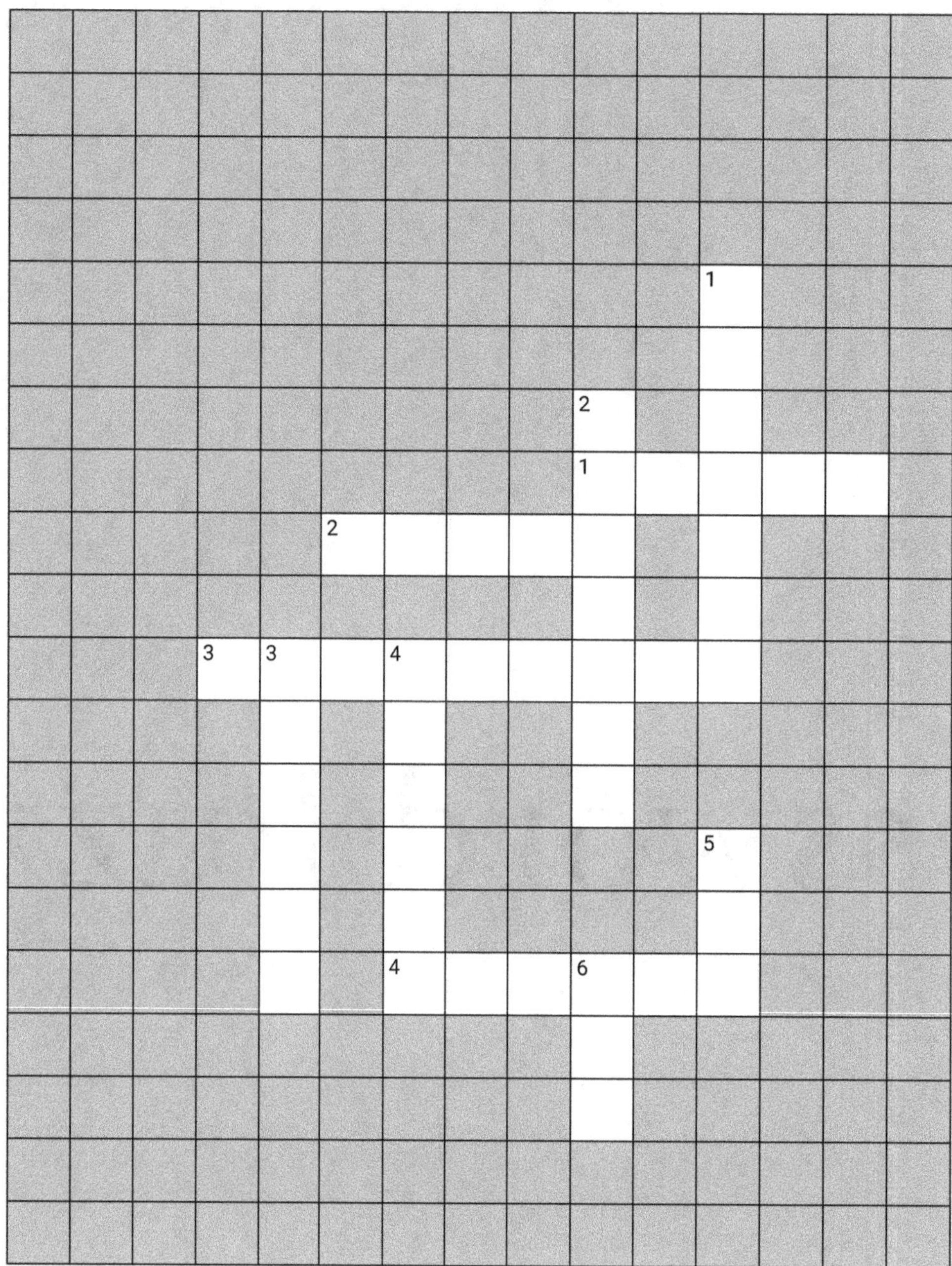

ACROSS

1. Seasonal fruit used in pies and ciders
2. Warm, spiced beverage
3. Event where costumes are worn
4. Cooling weather phenomenon with colorful sunsets

DOWN

1. Orange vegetable often carved for Halloween
2. Harvest celebration
3. Season of harvest
4. Colorful foliage
5. Flying mammal associated with Halloween
6. Fall equinox month (abbr.)

Crossword Puzzle 2

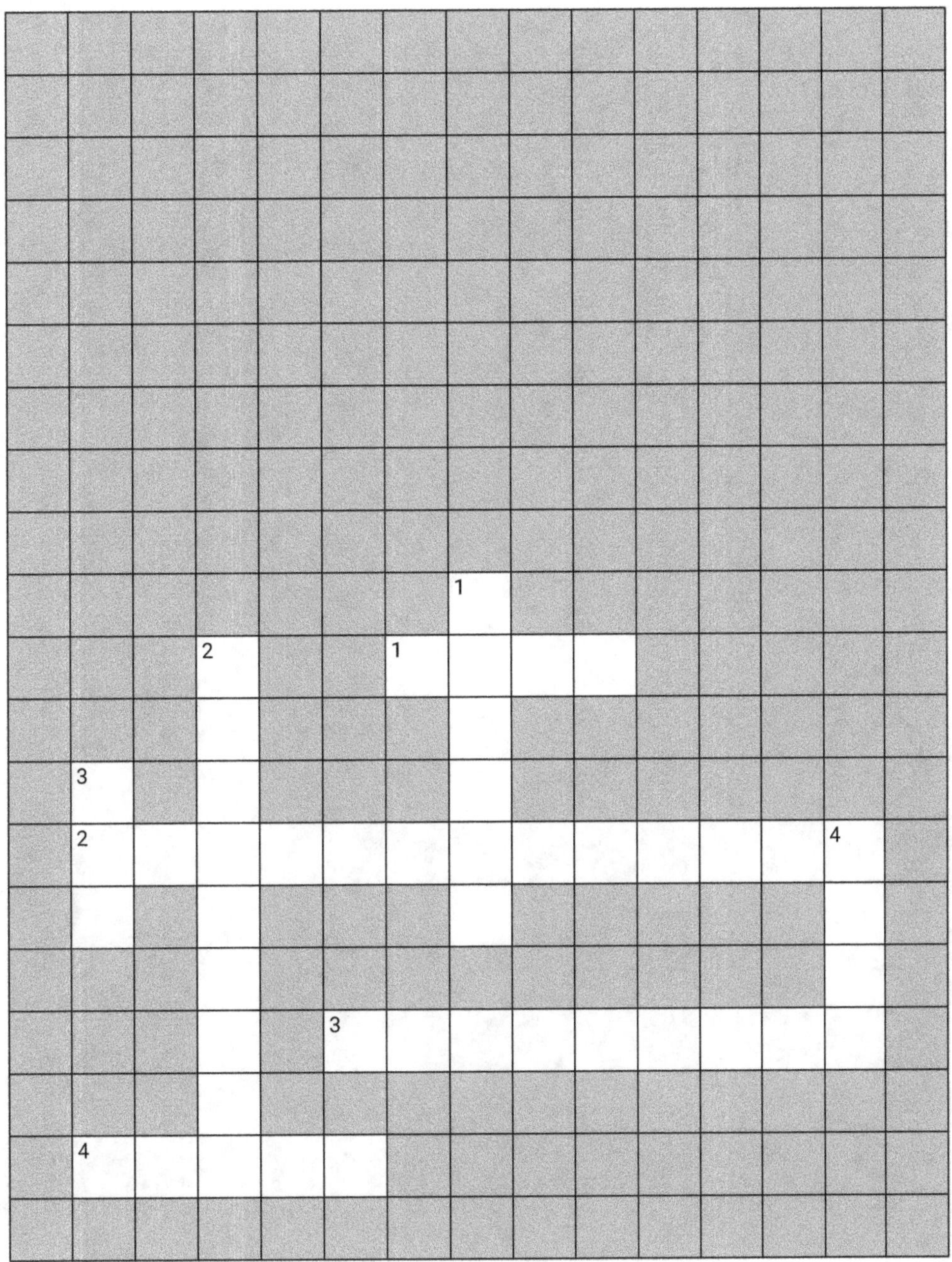

ACROSS

1. Time for apple picking and hayrides
2. Fall flower symbolizing love and loyalty
3. Spooky evening celebration
4. Scarecrow's job

DOWN

1. Fall outdoor game with rakes and leaves
2. Fall constellation named after a princess
3. Harvest month in Canada (abbr.)
4. Autumnal celestial body

Crossword Puzzle 3

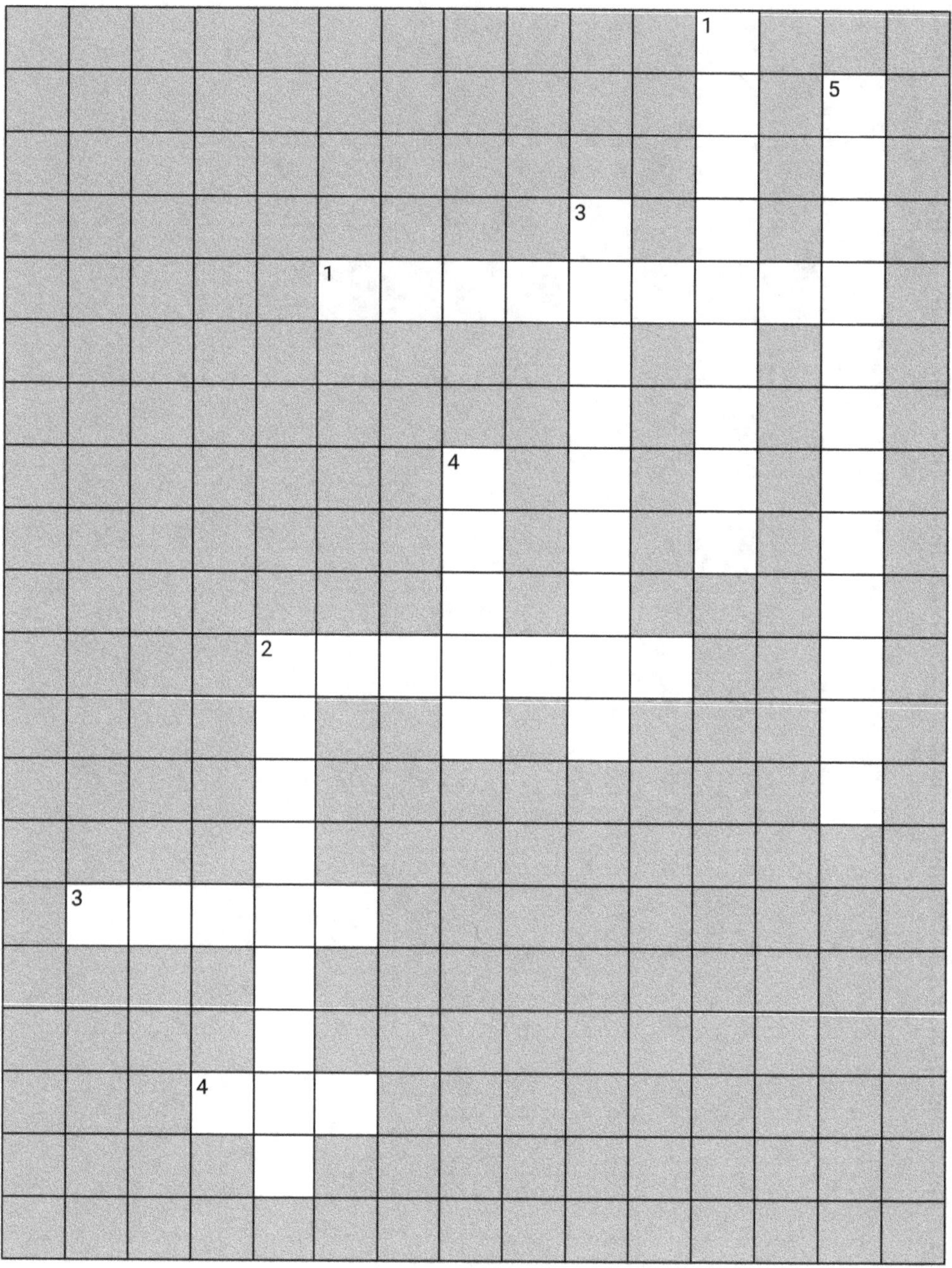

ACROSS

1. Seasonal bird migration
2. Autumn wardrobe staple, often knit
3. Harvest moon's effect on tides
4. Fall month with Thanksgiving (abbr.)

DOWN

1. Fall-flowering bulb with tall spikes
2. Rustic home decoration made of straw
3. Seasonal feeling of sadness or melancholy
4. Popular fall nut in pies and desserts
5. Fall event with turkeys and cranberry sauce

Crossword Puzzle 4

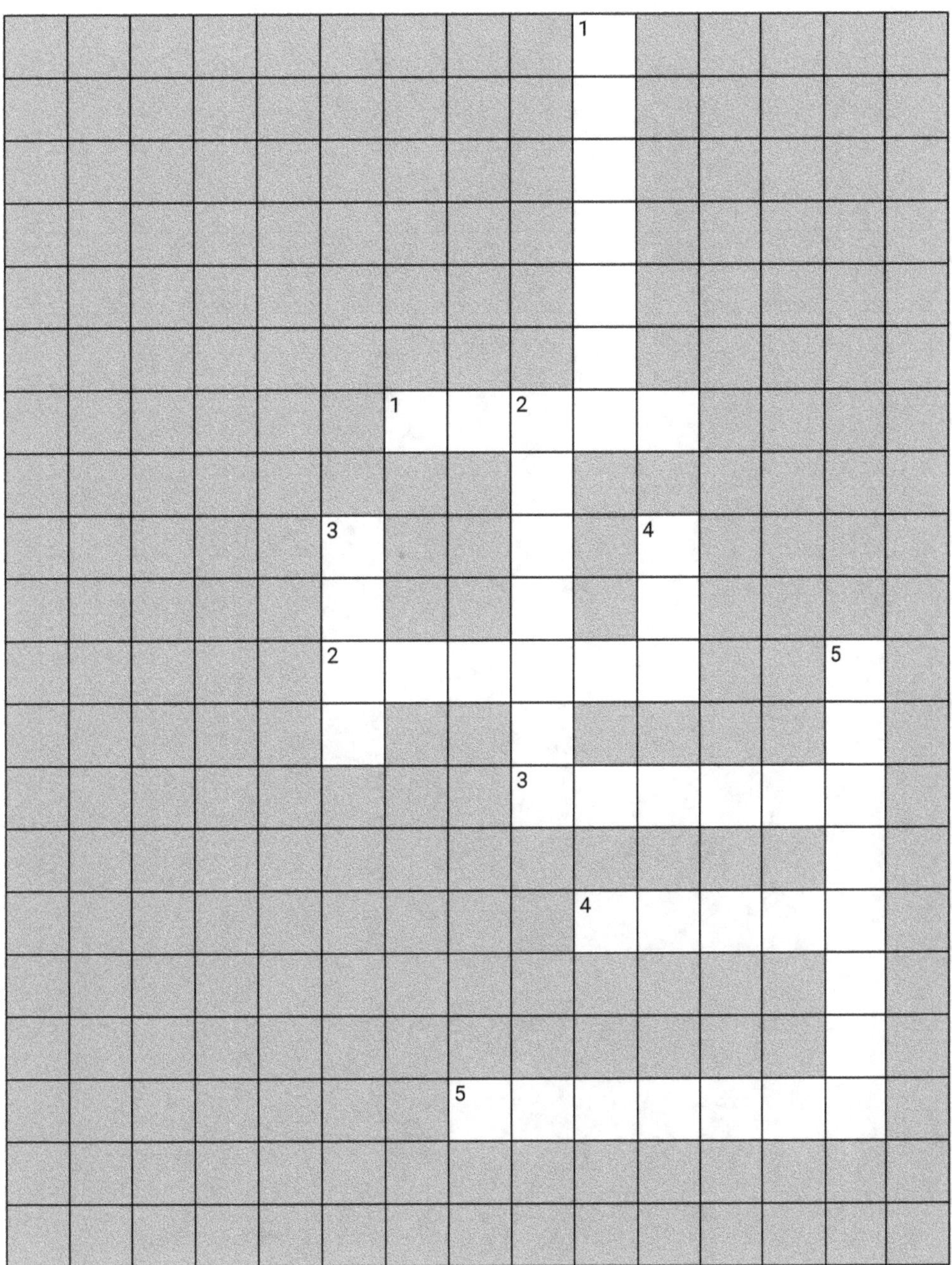

ACROSS

1. Seasonal treat made from pressed apples
2. Time of year for back-to-school sales
3. Season of change and transformation
4. Fall sign in the zodiac
5. Orange fruit with a thick rind

DOWN

1. Harvest-time implement used in farming
2. Spooky fictional character associated with bats
3. October's birthstone
4. Fall month with Oktoberfest celebrations (abbr.)
5. Seasonal pie spice

Crossword Puzzle 5

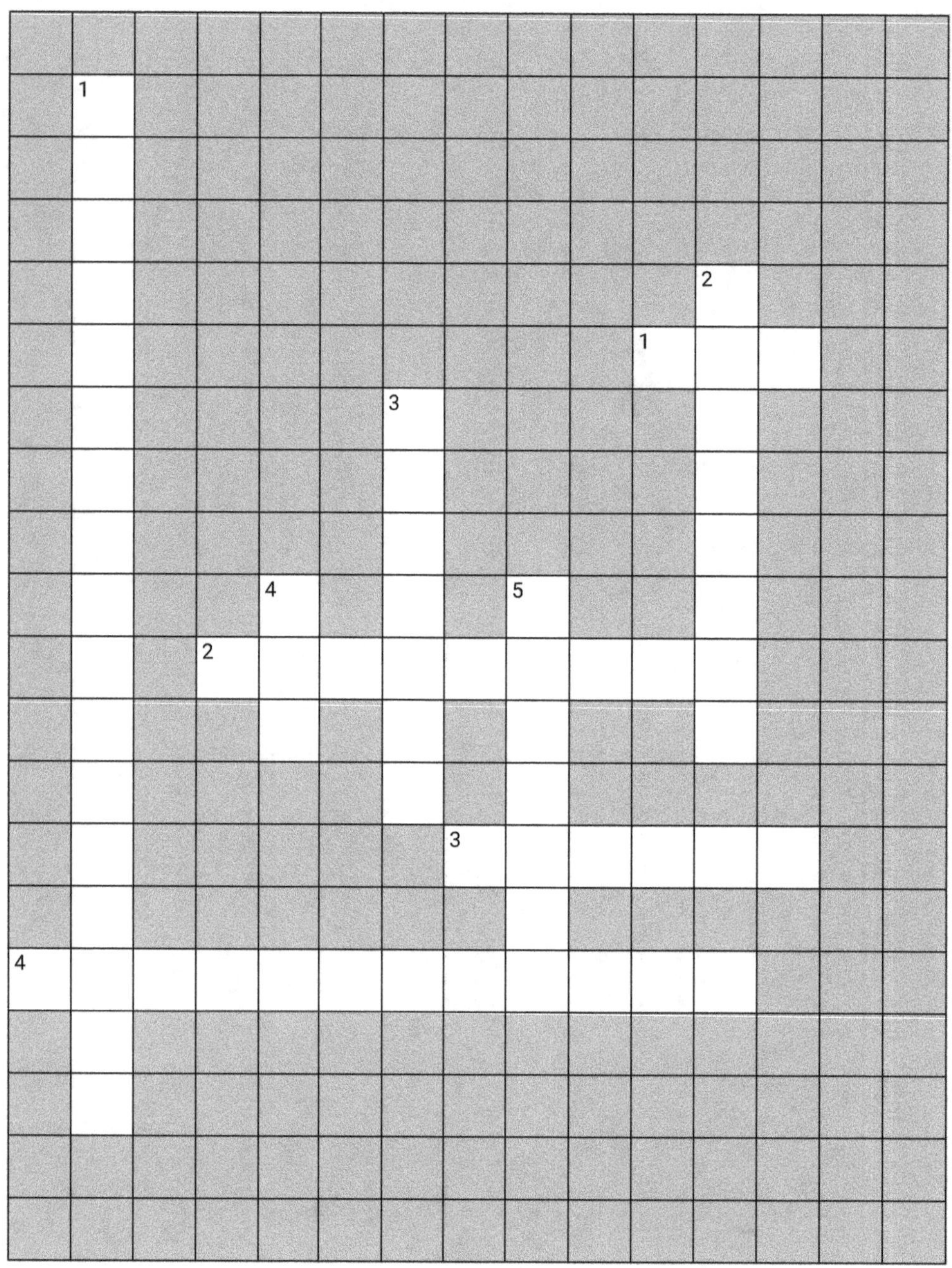

ACROSS

1. Warm head covering for chilly weather
2. Fall flower known for its medicinal properties
3. Seasonal forest floor covering
4. Symbol of the fall season, often carved into lanterns

DOWN

1. Seasonal treat made from melted marshmallows and cereal
2. Fall event with games and rides
3. Scary costume with fangs and cape
4. Fall month with Columbus Day (abbr.)
5. Time for farmers to gather crops

Crossword Puzzle 6

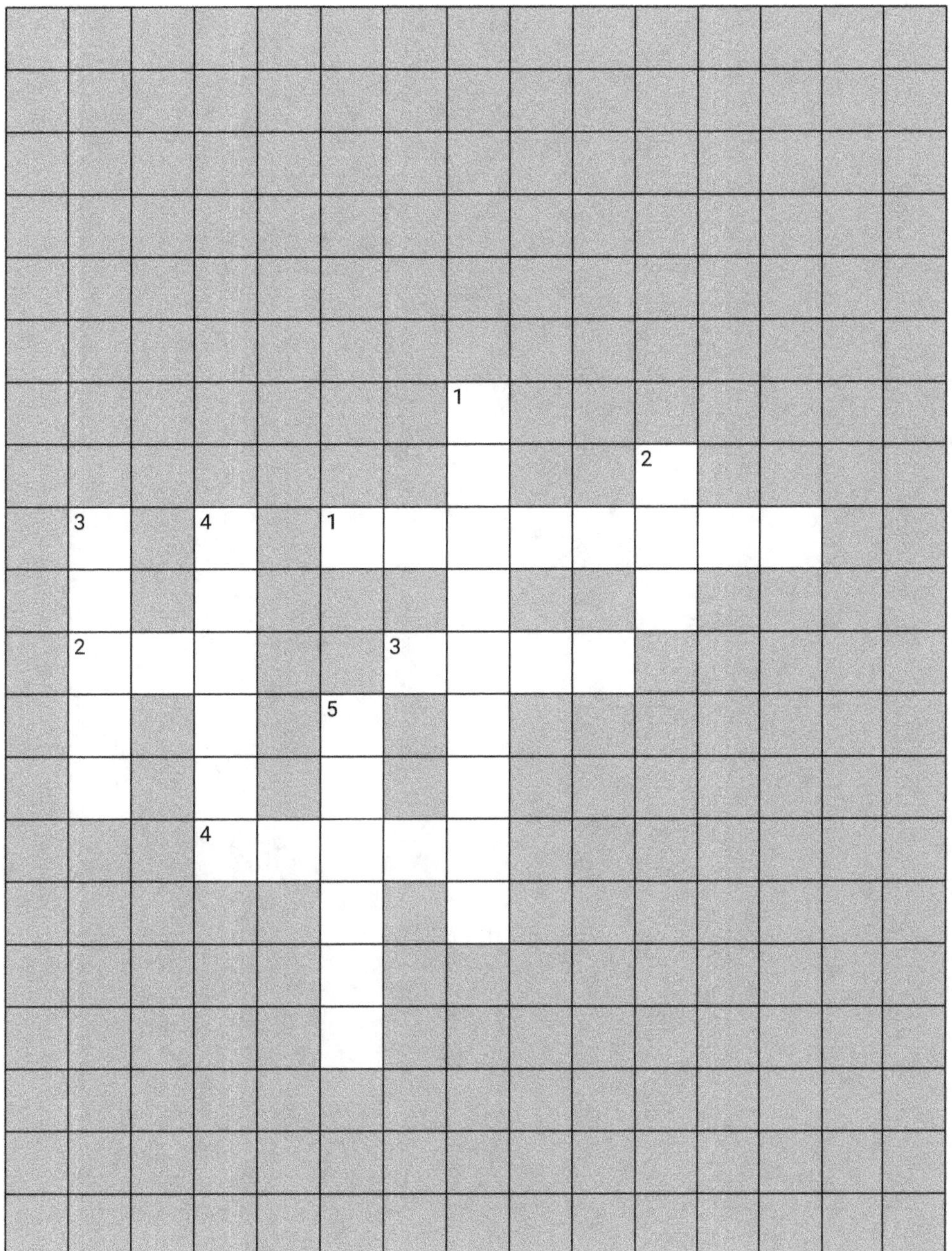

ACROSS

1. Colorful fall flower associated with Mexico's Day of the Dead
2. Fall month with Halloween (abbr.)
3. Fall month with Labor Day (abbr.)
4. Fall bird known for its migratory flights

DOWN

1. Harvest-time machine used to cut crops
2. Spooky sound often associated with ghosts
3. Spooky word for a ghost or spirit
4. Seasonal spice used in pumpkin pie
5. Warm clothing item worn on hands

Crossword Puzzle 7

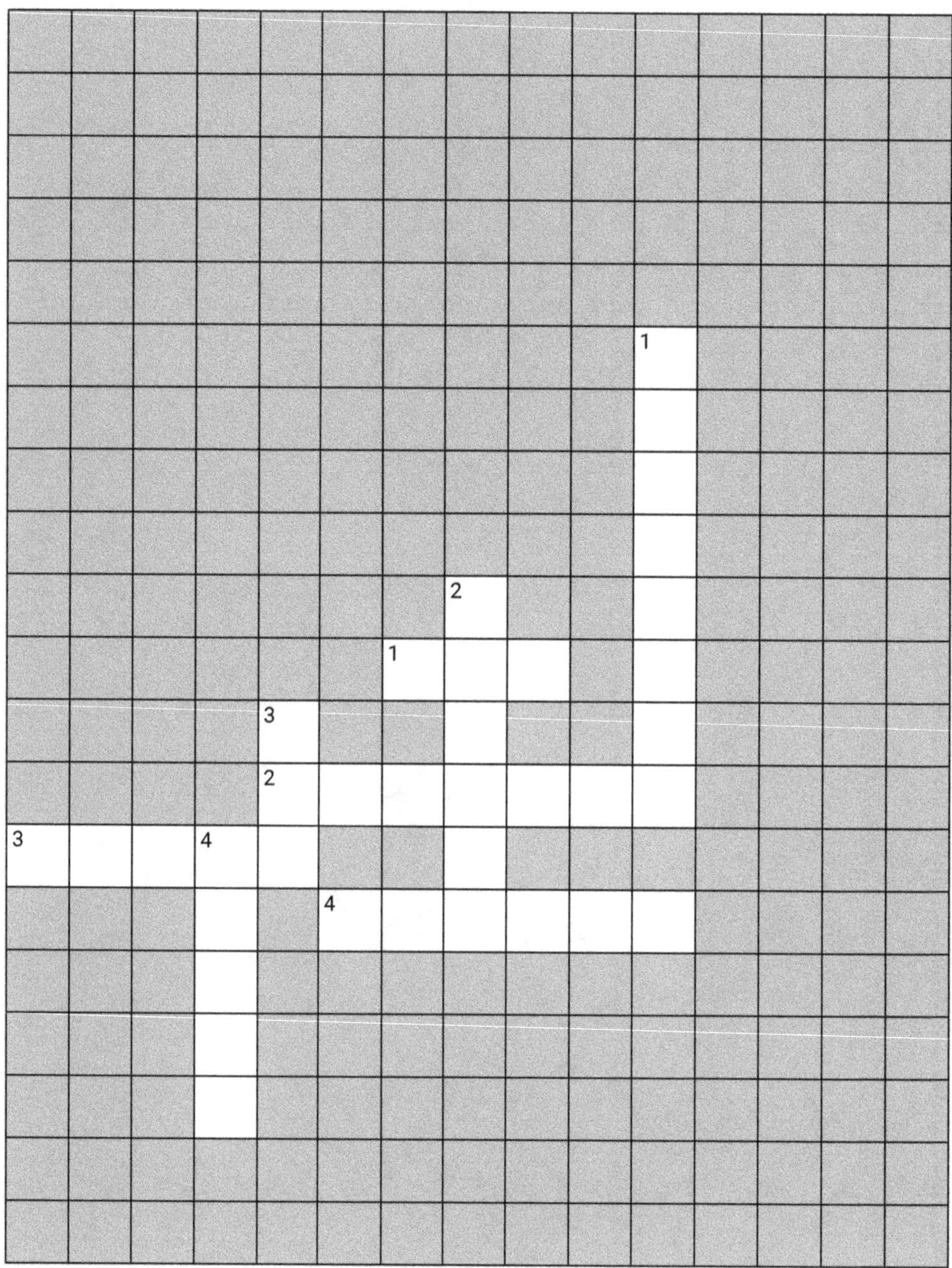

ACROSS

1. Fall month with Armistice Day (abbr.)
2. Autumnal insect known for its song
3. Festive fall meal with turkey and stuffing
4. Orange vegetable known for its beta-carotene content

DOWN

1. Fall fruit with a hard shell and edible seeds
2. Fall sport played on a field
3. Fall month with Thanksgiving in the United States (abbr.)
4. Seasonal accessory worn around the neck

Crossword Puzzle 8

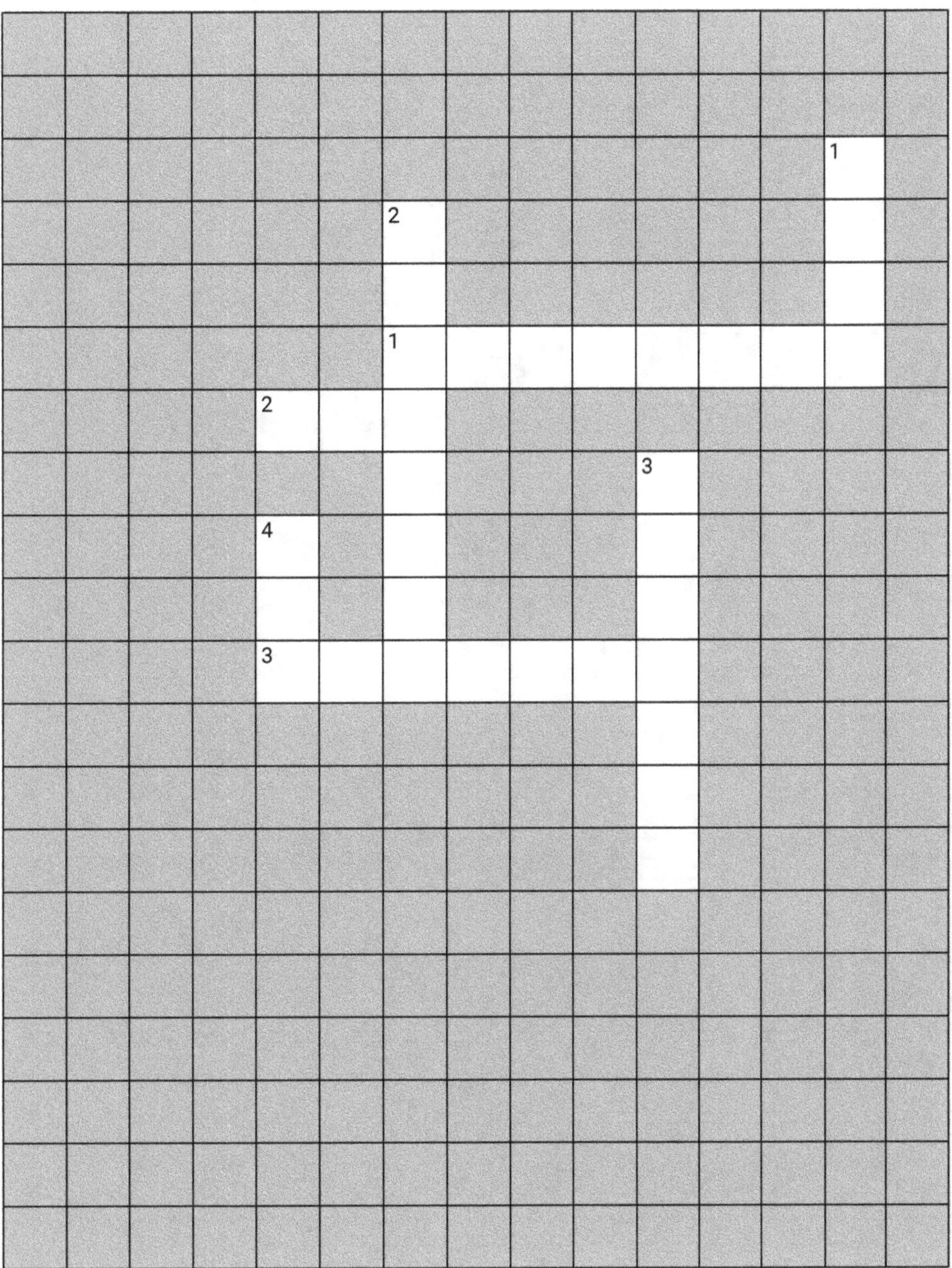

ACROSS

1. Seasonal animal known for storing nuts
2. Fall month with National Apple Day
3. Spooky word for a wicked or evil person

DOWN

1. Seasonal weather characterized by cooler temperatures
2. Fall festival with music and dancing
3. Spooky word for a haunted house
4. Fall month with Black Friday (abbr.)

Crossword Puzzle 9

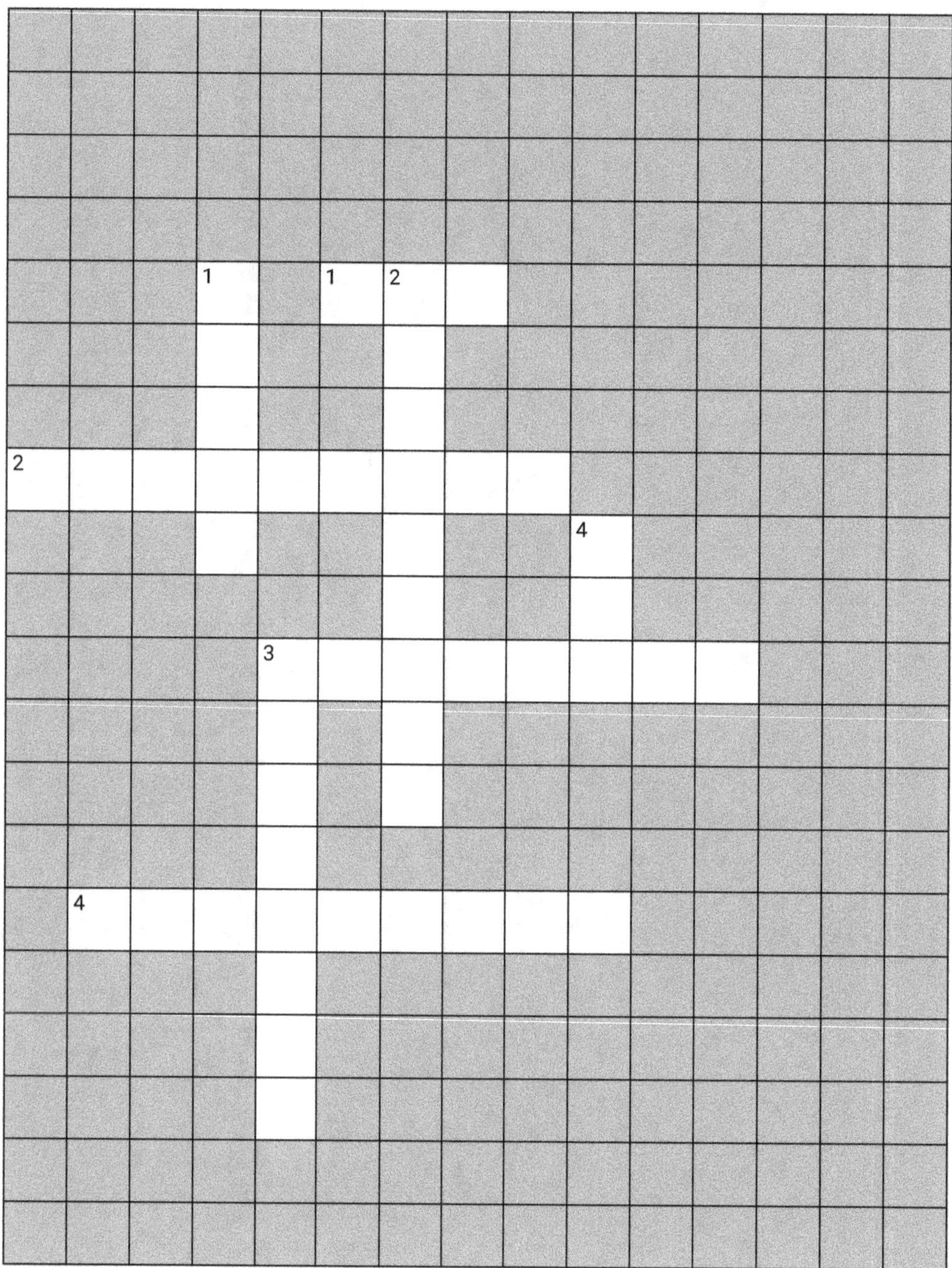

ACROSS

1. Fall month with National Pumpkin Day
2. Festive fall dance often performed in a line
3. Fall event featuring games and rides
4. Seasonal garden pest with many legs

DOWN

1. Seasonal drink made from fermented apples
2. Fall fruit used to make a popular sauce
3. Fall fruit with a hard shell and sweet edible flesh
4. Fall month with Veterans Day in Canada (abbr.)

Crossword Puzzle 10

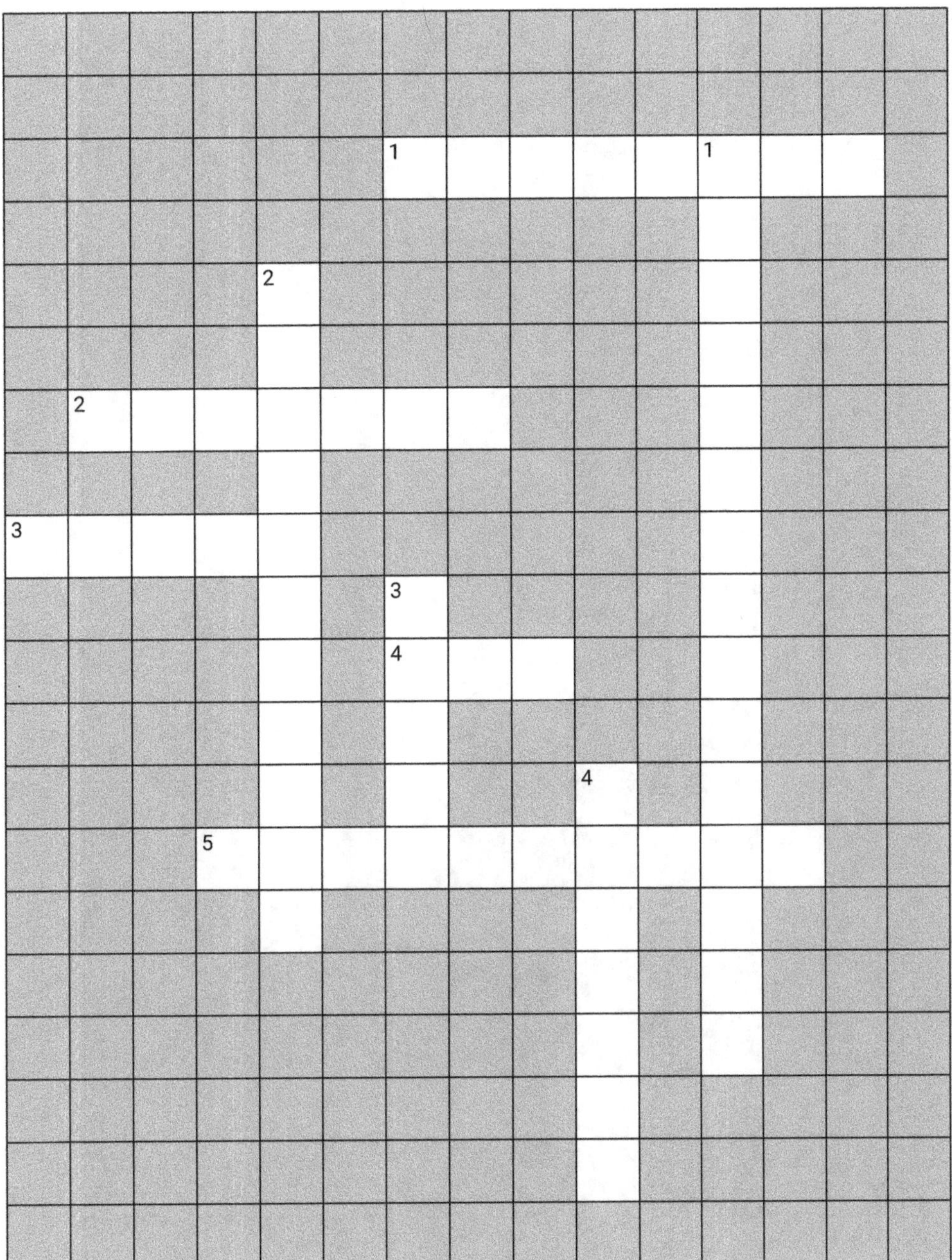

ACROSS

1. Agricultural labyrinth attraction
2. Fun wagon ride in the countryside
3. Fall fruit used to make a traditional pie
4. Fall month with Thanksgiving in Canada (abbr.)
5. Horn of plenty

DOWN

1. Date marking the start of fall
2. Full moon in autumn
3. Seasonal bird known for its red breast
4. Outdoor gathering with a blazing fire

Crossword Puzzle 11

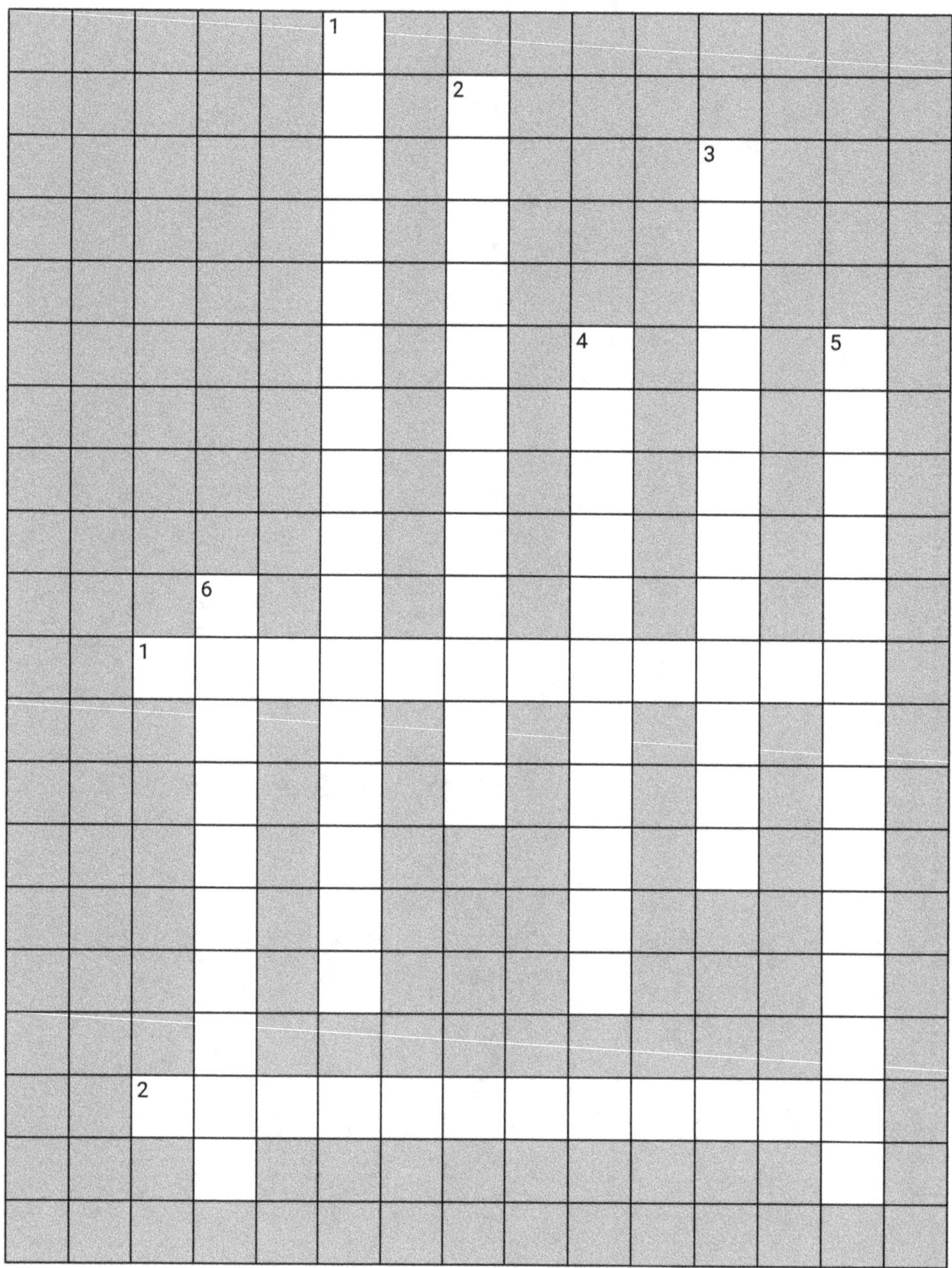

ACROSS

1. Apple on a stick, coated in caramel
2. Refreshing wind during the fall season

DOWN

1. Harvesting of small, red berries from bogs
2. Gathering nuts for the winter
3. Popular spice blend for autumn treats
4. Trendy clothing styles for the season
5. Perfect attire for cool fall temperatures
6. Sweet syrup tapped from trees in fall

Crossword Puzzle 12

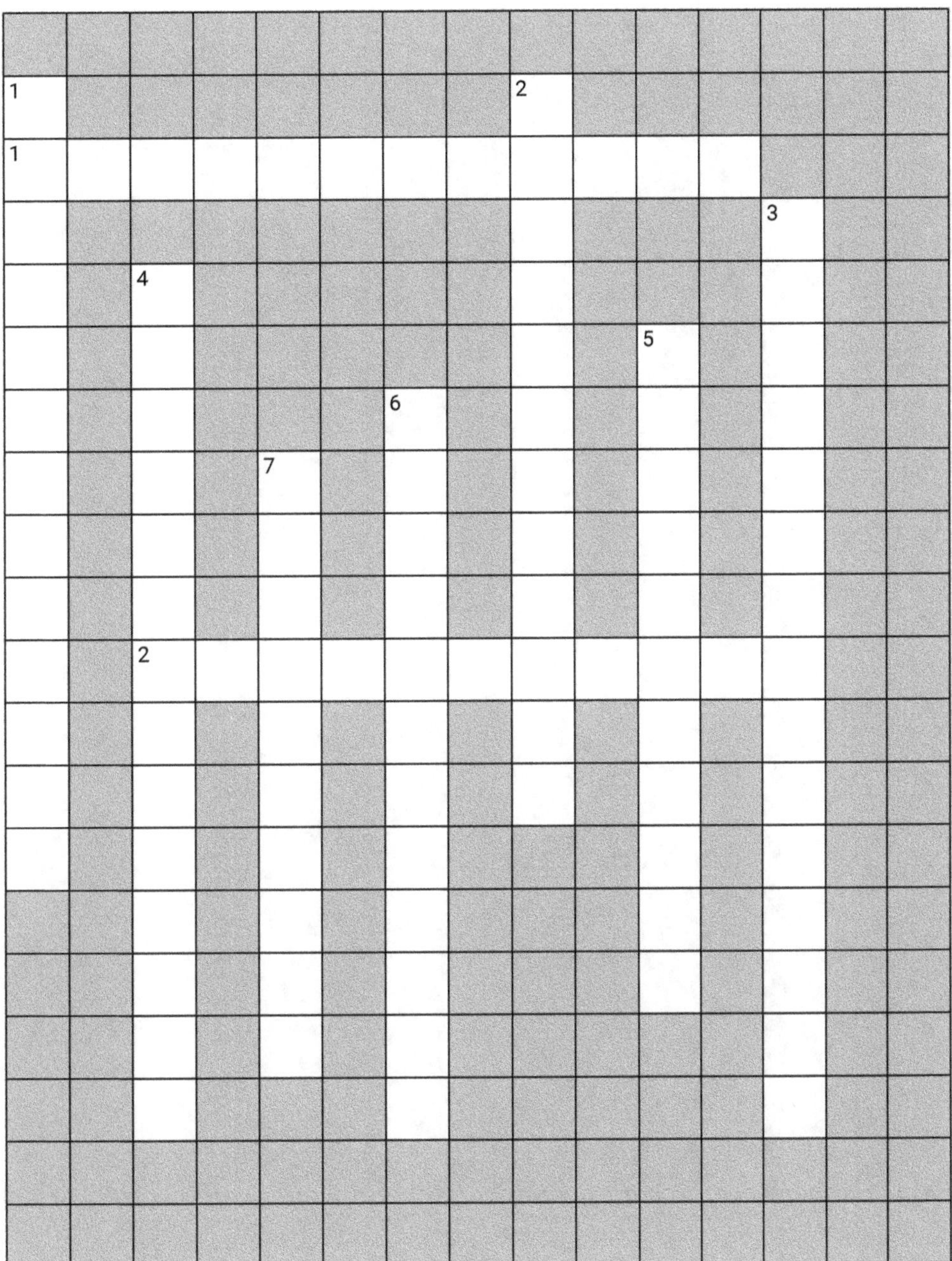

ACROSS

1. Multicolored leaves falling from trees
2. Time-honored competition in the fall

DOWN

1. Abundant harvest of crops
2. Feast featuring autumn's bounty
3. Artistic decorating with squash and pumpkins
4. Festive event celebrating the season
5. Community gathering to showcase agricultural products
6. Local fair held in the autumn
7. Farmers' market of the season's harvest

Crossword Puzzle 13

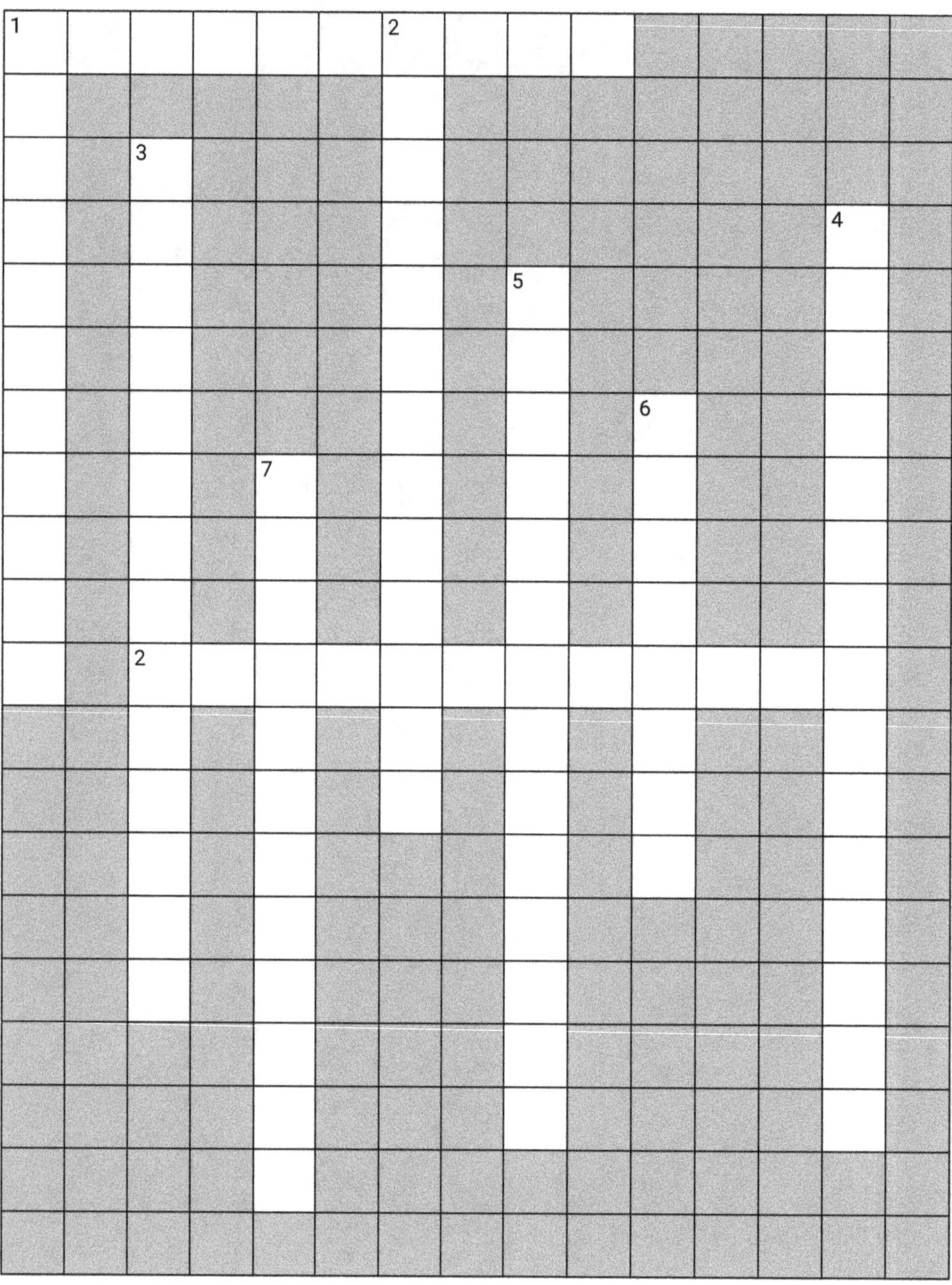

ACROSS

1. Creating autumn-themed crafts
2. Place to pick your own fruit from trees

DOWN

1. Weekend escape during autumn
2. Picturesque scenery during the season
3. Carving faces into large vegetables
4. Adventurous outing during the fall months
5. Racing event amidst autumn's beauty
6. Leisurely stroll on straw or hay
7. Spot for finding your perfect pumpkin

Crossword Puzzle 14

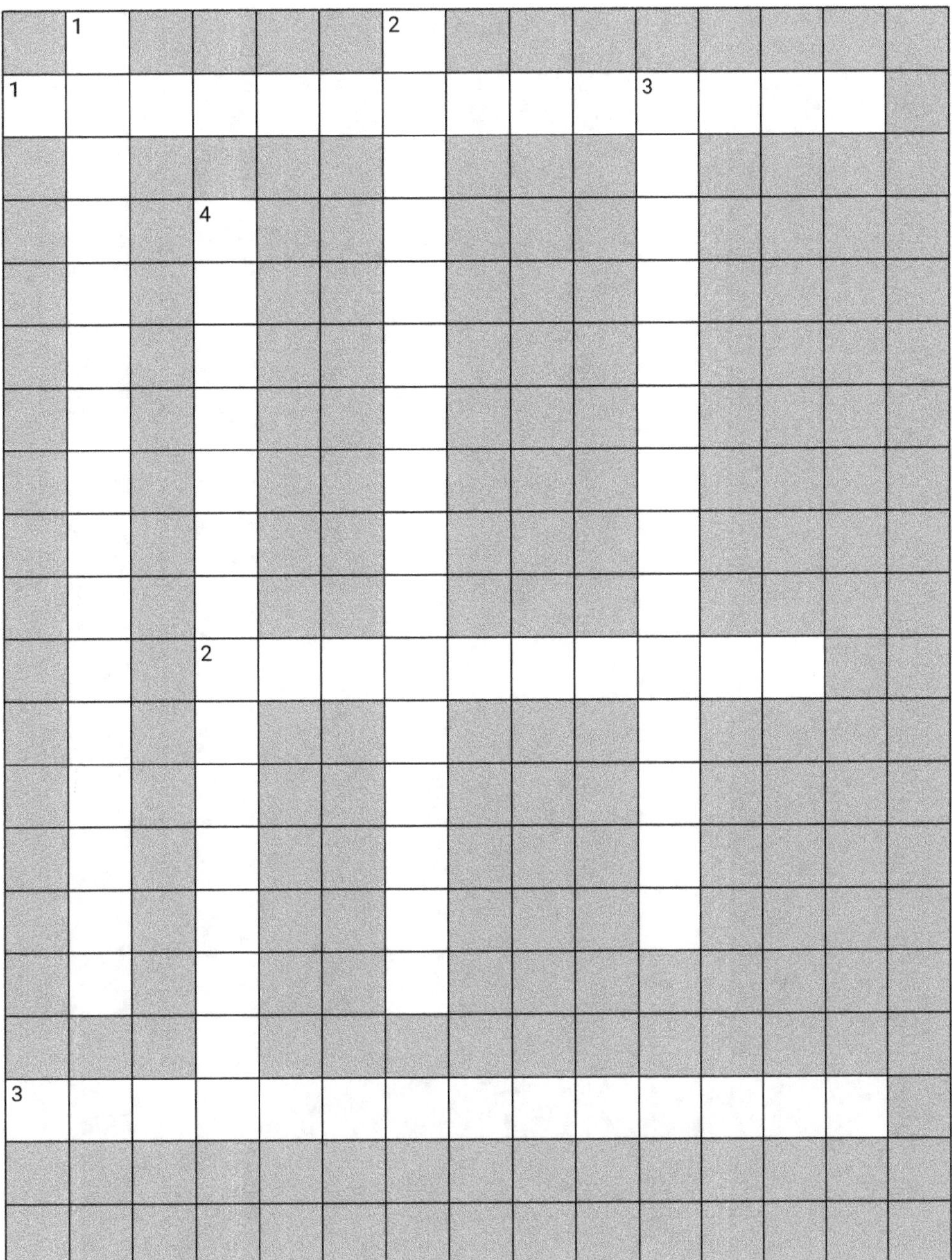

ACROSS

1. Showcasing handmade crafts and goods
2. Relaxed outdoor meal in fall
3. Display of local artwork during the season

DOWN

1. Showing classic films in the fall
2. Culinary event featuring autumn flavors
3. Exhibition of beautiful plants and flowers
4. Festival devoted to all things pumpkin

Crossword Puzzle 15

ACROSS

1. Night parade for pet lovers

DOWN

1. Sampling various ciders and apple treats
2. Celebrating local cuisine during the season
3. Puppets take center stage in fall
4. Gathering of family members during the fall

Crossword Puzzle 16

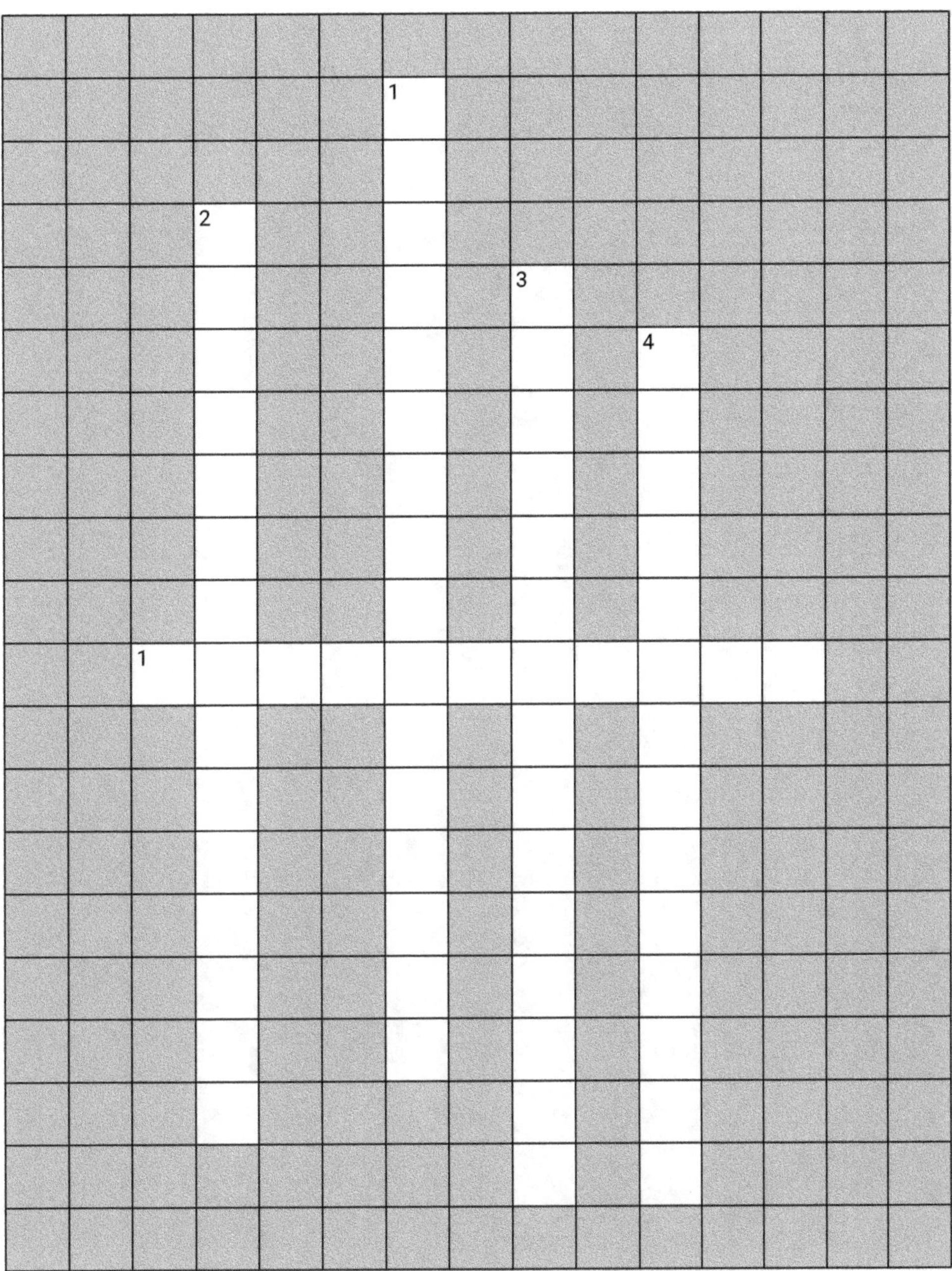

ACROSS

1. Showcasing autumn fashion trends

DOWN

1. Beer-tasting event during autumn
2. Showcasing new books released in the fall
3. Antique shopping during the season
4. Parade for furry companions

Crossword Puzzle 17

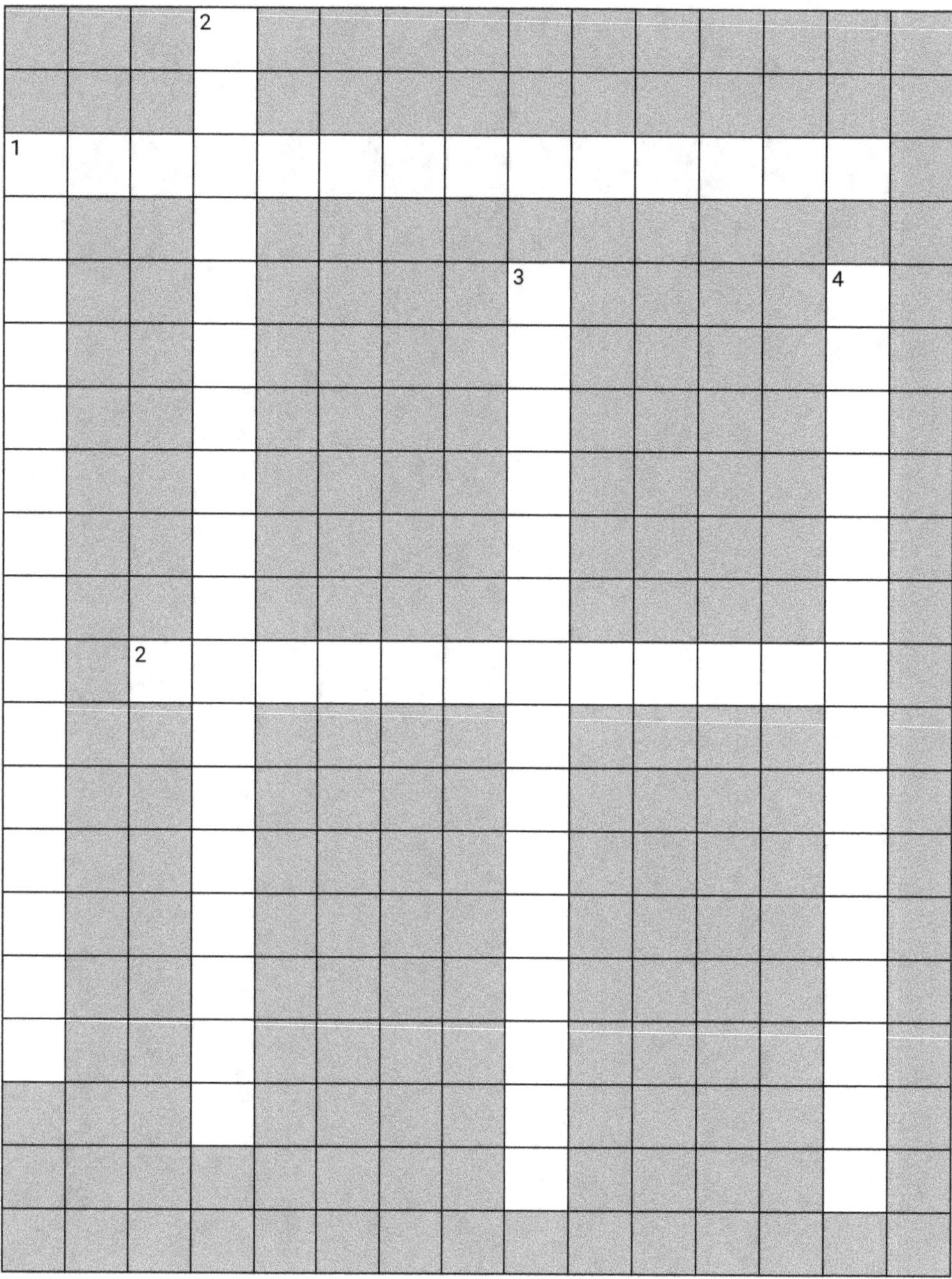

ACROSS

1. Display of beautiful flowers during autumn
2. Jam session featuring live music in the fall

DOWN

1. Sale of handcrafted pottery in the fall
2. Social gathering with ice cream in fall
3. Guided tour exploring historical sites in fall
4. Comedy performance in autumn

Crossword Puzzle 18

ACROSS

1. Parade for pets and their owners

DOWN

1. Roller skating in the fall
2. Puppet show set in fall
3. Talent competition in autumn
4. Dance party during autumn
5. Magic-themed show during fall

Crossword Puzzle 19

ACROSS

1. Craft fair featuring handmade items in the fall

DOWN

1. Festival celebrating various forms of dance in fall
2. Music concert in the fall
3. Workshop for creating crafts in autumn

Answers (Crossword)

Crossword Puzzle 1

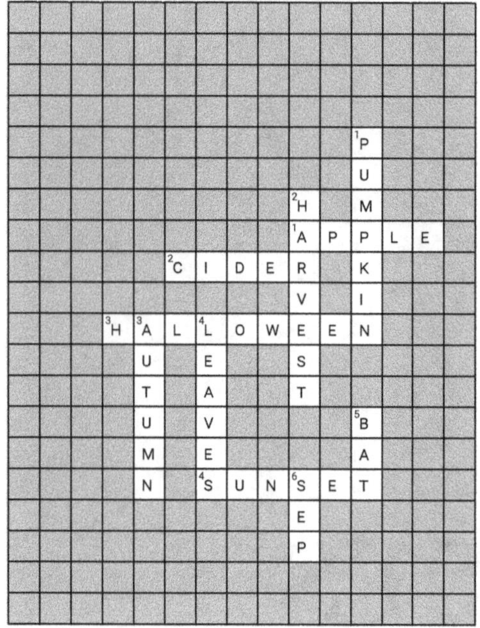

Crossword Puzzle 2

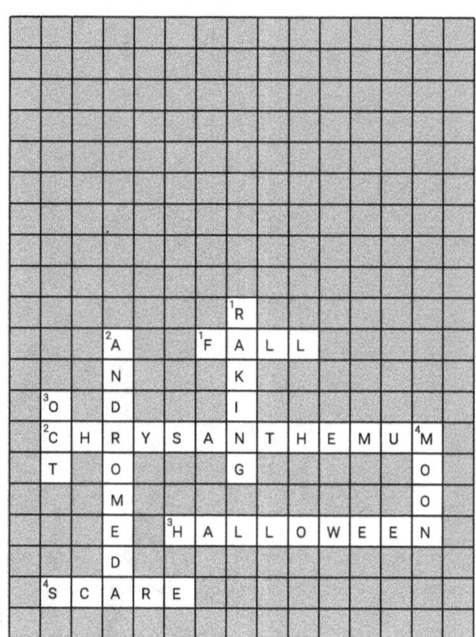

Crossword Puzzle 3

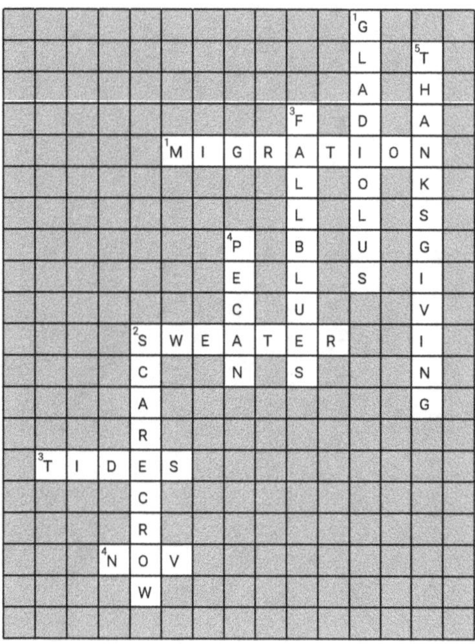

Crossword Puzzle 4

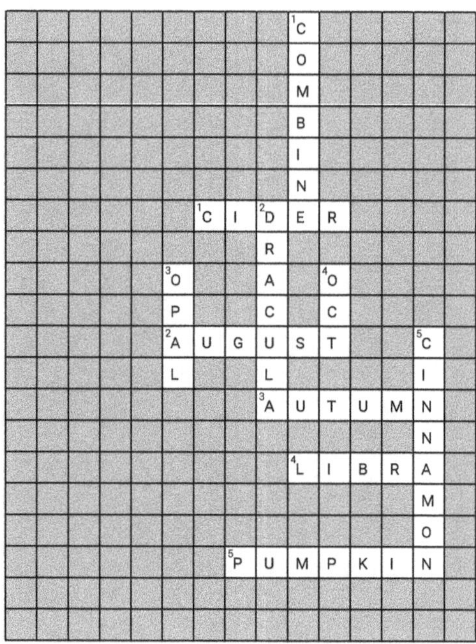

Crossword Puzzle 5

Crossword Puzzle 6

Crossword Puzzle 7

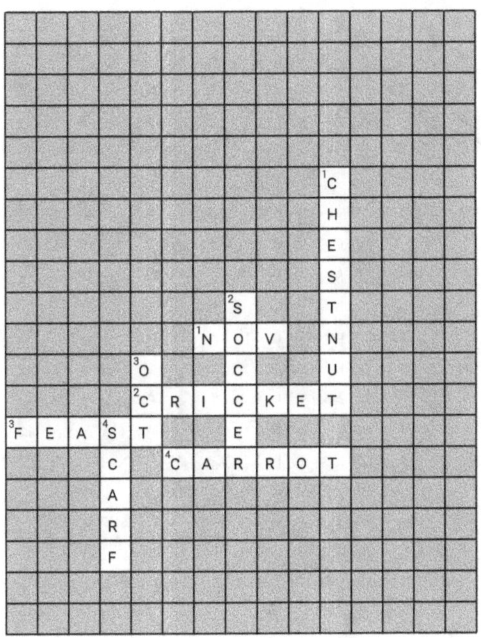

Crossword Puzzle 8

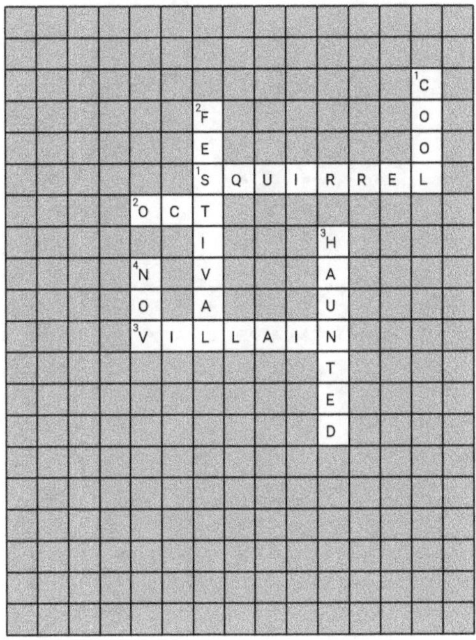

Crossword Puzzle 9

Crossword Puzzle 10

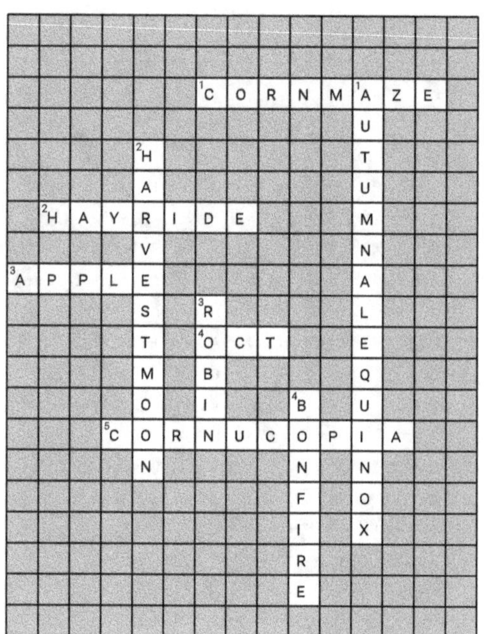

Crossword Puzzle 11

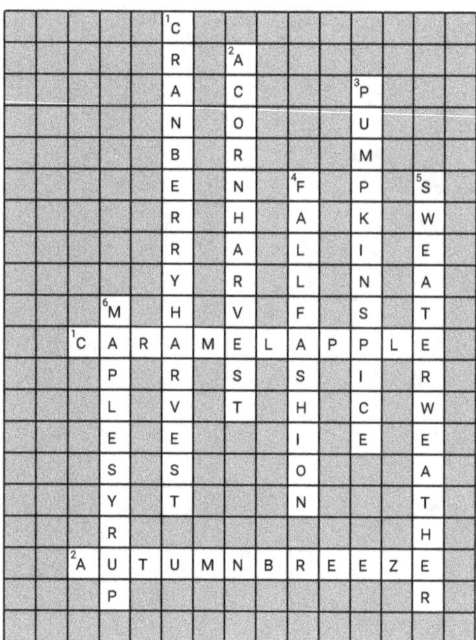

Crossword Puzzle 12

Crossword Puzzle 13

Crossword Puzzle 14

Crossword Puzzle 15

Crossword Puzzle 16

Crossword Puzzle 17

Crossword Puzzle 18

Crossword Puzzle 19

Word Fill

Autumn Enchantment

Apple
Brisk
Crisp
Golden

Leaves
Nature
Rustic
Squash

Harvest
Colorful

Apple Orchard

Cider	Tasty	Orchard
Fruit	Bushell	Picking
Juicy	Harvest	Variety

Harvest Moon

Glow
Chill
Night
Bonfire

Flicker
Lantern
Pumpkin
Celestial

Crackling
Scarcecrow

Falling Leaves

Rake

Wind

Maple

Chilly

Rustle

Foliage

October

Seasonal

Whirlwind

Halloween Night

Pumpkin Carving

Cut
Guts
Craft

Seeds
Design
Hollow

Artistry
Triangle
Creations

Harvest Feast

Feast
Bounty
Thanks
Harvest

Stuffing
Abundance
Butternut
Gathering

Tradition
Cornucopia

Cozy Blankets

Knit	Cuddle	Texture
Soft	Fleece	Relaxation
Warm	Comfort	
Throw	Snuggle	

Sweater Weather

Coat	Layer	Cardigan
Cozy	Scarf	Knitwear
Fall	Woolen	
Chill	Fashion	

Hayrides Fun

Farm

Bales

Rural

Wagon

Journey

Tractor

Autumnal

Children

Outdoors

Bonfire Night

Fire	Friends	Crackling
Embers	Glowing	Gathering
Warmth	Hotdogs	Nightfall

Autumn Breeze

Wind
Crisp
Fresh
Chilly

Leaves
Nature
Season
Breathe

Weather
Blustery

Corn Maze

Fun	Stalks	Challenge
Maze	Navigate	Labyrinth
Paths	Adventure	A-maize-ing

Harvest Bounty

Crops	Abundance	Plentiful
Fields	Cultivate	Nourishing
Garden	Harvested	Agriculture

Acorn Adventure

Oak

Acorn

Forest

Hiking

Nature

Explore

Scavenge

Squirrel

Wildlife

Woodland

Autumn Festivities

Fair

Food

Games

Music

Festival

Celebrate

Community

Attractions

Entertainment

Fall Traditions

Family

Raking

Canning

Customs

Rituals

Football

Heritage

Ceremonies

Harvesting

Sweater Knitting

Knit
Wool
Yarn
Craft

Needles
Pattern
Project
Handmade

Stitches
Warmwear

Falling Acorns

Oak	Forage	Hickory
Nuts	Forest	Squirrel
Autumn	Ground	Woodland

Harvest Markets

Fresh
Local
Autumn
Market

Farmers
Organic
Produce
Vendors

Community
Vegetables

Corn Harvest

Crop	Bumper	Harvest
Maize	Gather	Abundance
Autumn	Farmers	Agriculture

Autumn Equinox

Day	Night	Alignment
Sun	Seasonal	Astronomy
Equal	Solstice	Celestial

Fall Colors

Red
Hues
Brown
Autumn

Leaves
Orange
Yellow
Foliage

Vibrant
Chromatic

Apple Pie

Crust

Tasty

Baking

Served

Sliced

Spices

Dessert

Filling

Homemade

Delicious

Autumn Harvest

Crops

Bounty

Bumper

Gather

Plenty

Season

Harvest

Produce

Abundant

Fruitful

Answers
(Word Fill)

Autumn Enchantment

Apple Orchard

Harvest Moon

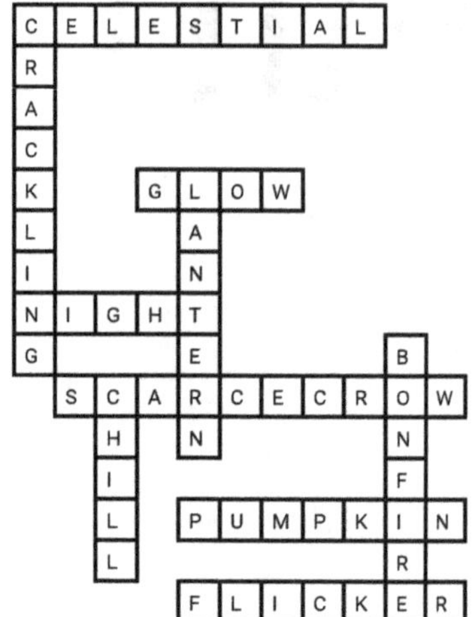

Falling Leaves

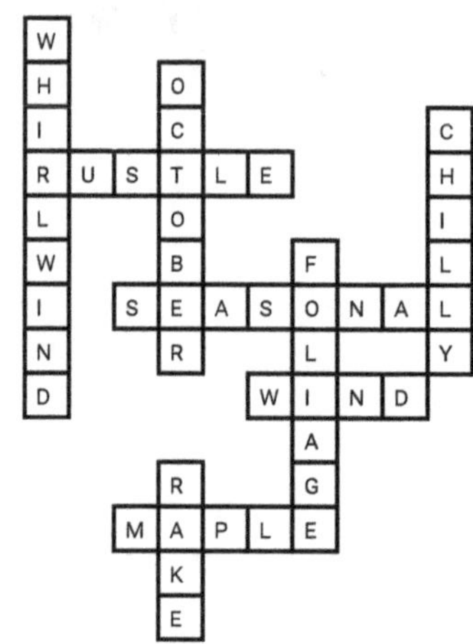

Halloween Night

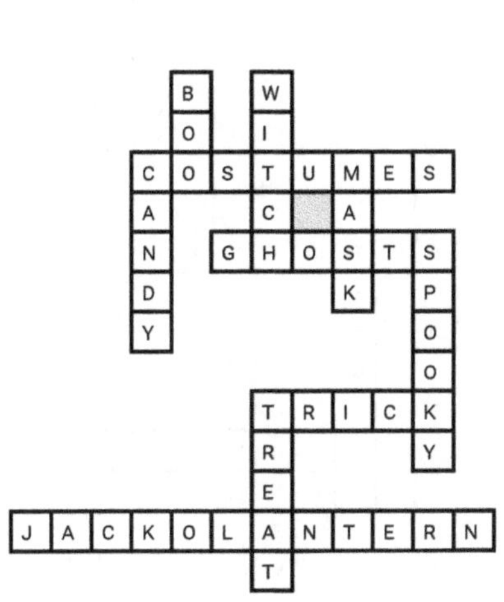

Pumpkin Carving

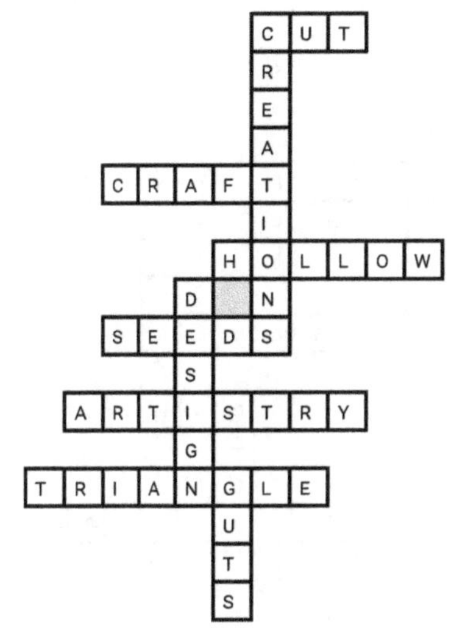

Harvest Feast

Cozy Blankets

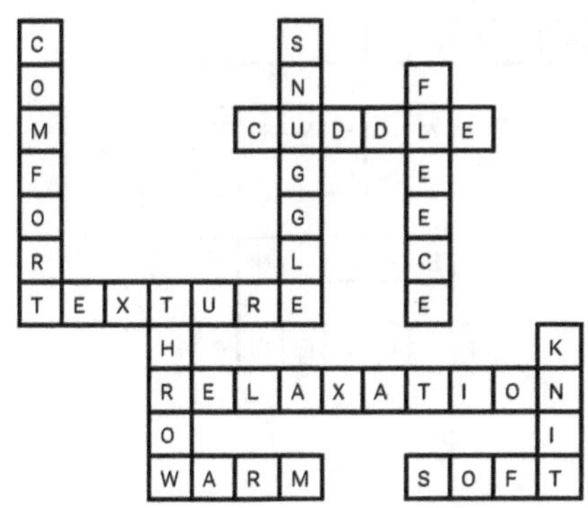

Sweater Weather

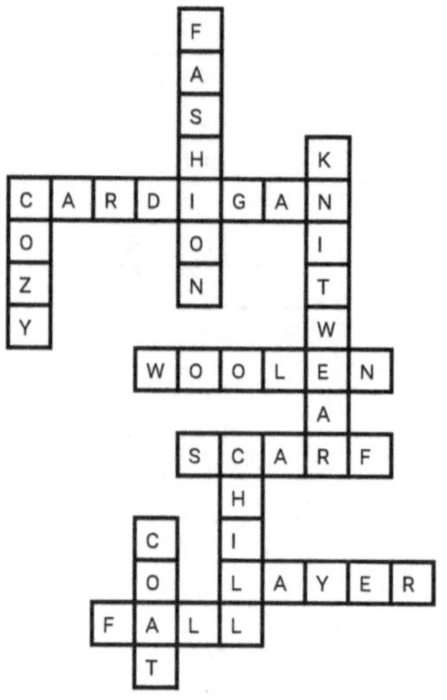

Hayrides Fun

Bonfire Night

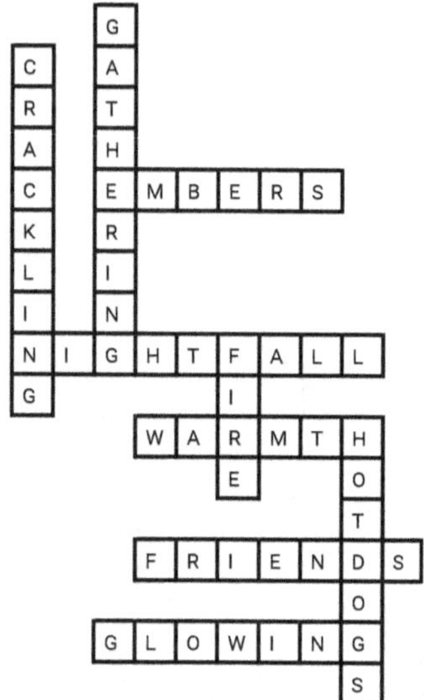

Autumn Breeze

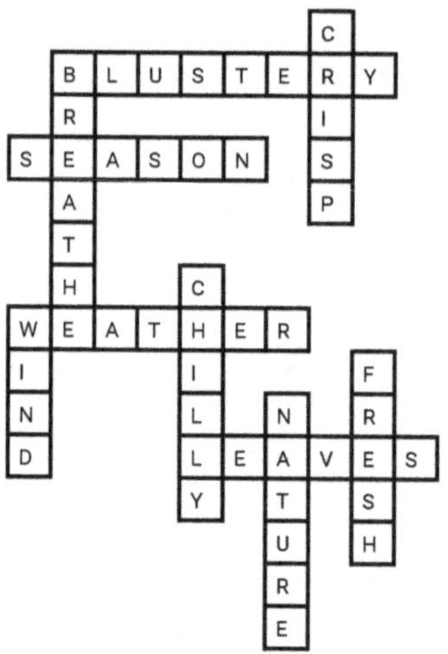

Corn Maze

Harvest Bounty

Acorn Adventure

Autumn Festivities

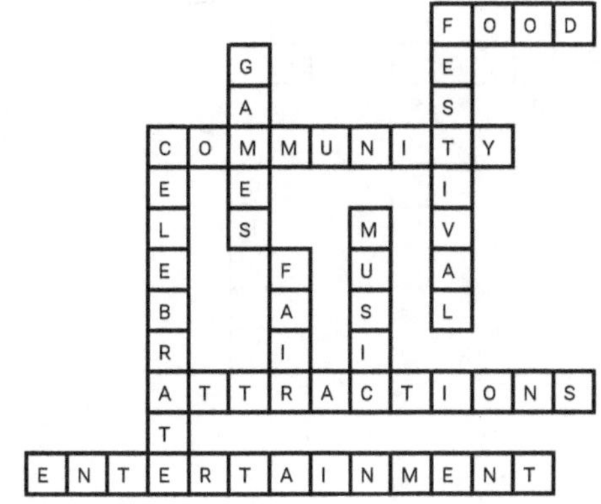

Fall Traditions

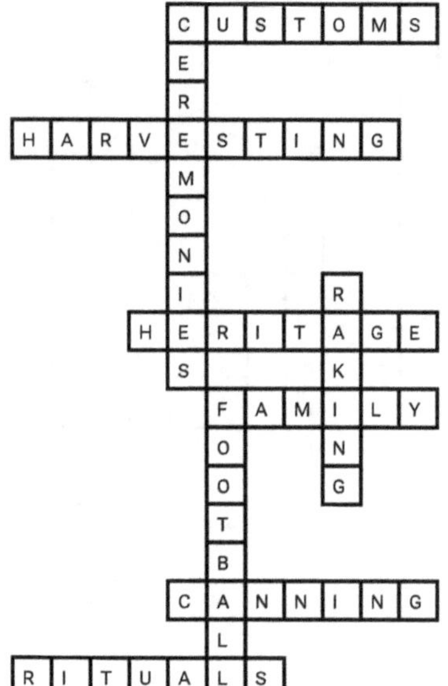

Sweater Knitting

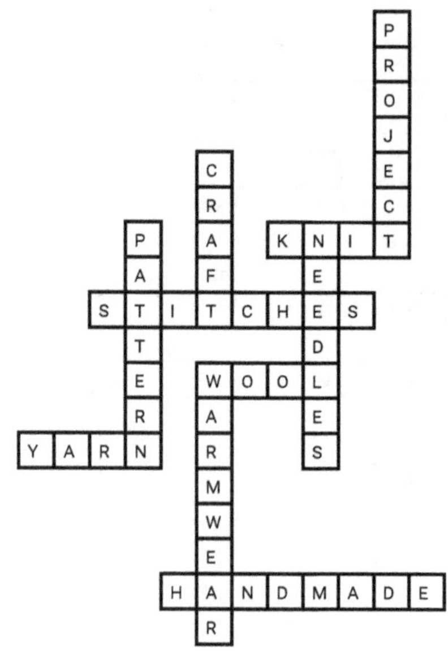

Falling Acorns

Harvest Markets

Corn Harvest

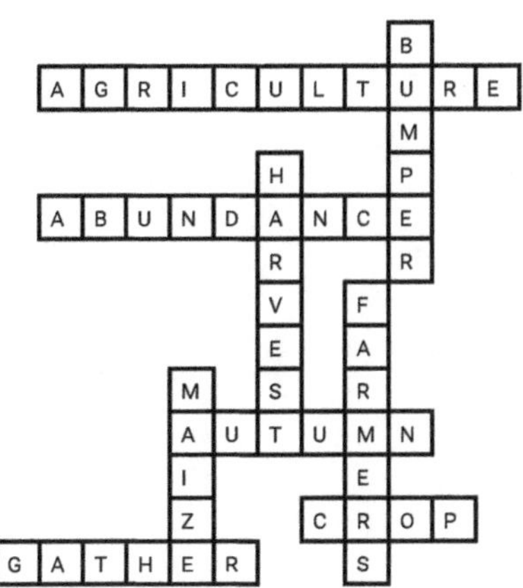

Autumn Equinox

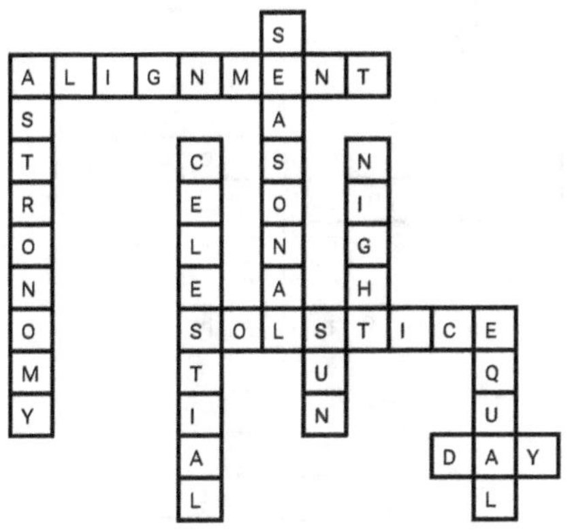

Fall Colors

Apple Pie

Autumn Harvest

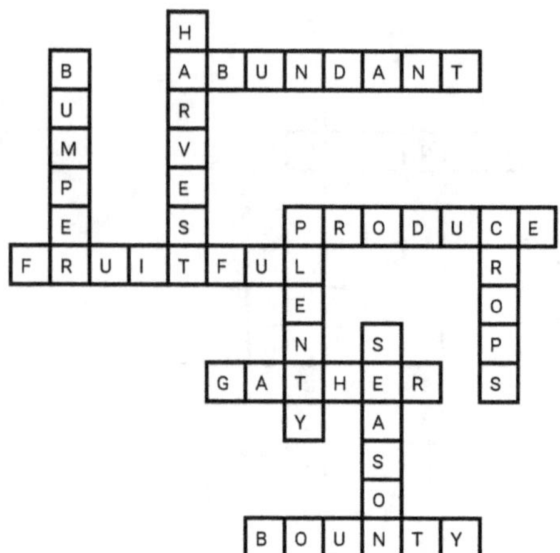

Sudoku

Puzzle 1 - Very Easy

2	4	1	3
1		4	
3		2	4
4	2	3	1

Puzzle 2 - Very Easy

4	3	2	1
1		4	3
3		1	2
	1	3	4

Puzzle 3 - Very Easy

3	2	1	4
4	1		3
1	4	3	
2	3	4	1

Puzzle 4 - Easy

1		4	3
3		1	2
2	1	3	
	3		1

Puzzle 5 - Easy

4		2	3
	2	1	4
	4	3	1
	3	4	

Puzzle 6 - Easy

3	2		4
1	4	2	3
	3		1
	1		2

Puzzle 7 - Easy

4	1	2	
2	3	4	1
3		1	
1		3	2

Puzzle 8 - Easy

2	4	3	1
	3	4	2
		2	
3	2	1	

Puzzle 9 - Medium

	4		2
	2		
4	1		3
2	3	1	

Puzzle 10 - Medium

			2
	3		4
	1		3
3	2	4	1

Puzzle 11 - Medium

1	2		
4	3		
		3	
3	4	2	1

Puzzle 12 - Medium

			2
		1	3
1	3		4
4	2	3	

Puzzle 13 - Medium

2		4	1
			2
1	4		3
		1	4

Puzzle 14 - Hard

	3	1	
		4	1
1			2

Puzzle 15 - Hard

		1	
1	4	2	
2			
4			2

Puzzle 16 - Hard

	2		1
3		2	4
	3		
			3

Puzzle 17 - Hard

Puzzle 18 - Hard

Puzzle 19 - Difficult

Puzzle 20 - Difficult

Puzzle 21 - Difficult

Puzzle 22 - Difficult

Puzzle 23 - Difficult

Puzzle 24 - Insane

Puzzle 25 - Insane

Puzzle 26 - Insane

Sudoku
(Answers)

Puzzle 1

2	4	1	3
1	3	4	2
3	1	2	4
4	2	3	1

Puzzle 2

4	3	2	1
1	2	4	3
3	4	1	2
2	1	3	4

Puzzle 3

3	2	1	4
4	1	2	3
1	4	3	2
2	3	4	1

Puzzle 4

1	2	4	3
3	4	1	2
2	1	3	4
4	3	2	1

Puzzle 5

4	1	2	3
3	2	1	4
2	4	3	1
1	3	4	2

Puzzle 6

3	2	1	4
1	4	2	3
2	3	4	1
4	1	3	2

Puzzle 7

4	1	2	3
2	3	4	1
3	2	1	4
1	4	3	2

Puzzle 8

2	4	3	1
1	3	4	2
4	1	2	3
3	2	1	4

Puzzle 9

1	4	3	2
3	2	4	1
4	1	2	3
2	3	1	4

Puzzle 10

1	4	3	2
2	3	1	4
4	1	2	3
3	2	4	1

Puzzle 11

1	2	4	3
4	3	1	2
2	1	3	4
3	4	2	1

Puzzle 12

3	1	4	2
2	4	1	3
1	3	2	4
4	2	3	1

Puzzle 13

2	3	4	1
4	1	3	2
1	4	2	3
3	2	1	4

Puzzle 14

4	1	2	3
2	3	1	4
3	2	4	1
1	4	3	2

Puzzle 15

3	2	1	4
1	4	2	3
2	3	4	1
4	1	3	2

Puzzle 16

4	2	3	1
3	1	2	4
1	3	4	2
2	4	1	3

Puzzle 17

4	2	1	3
1	3	4	2
3	1	2	4
2	4	3	1

Puzzle 18

2	4	3	1
3	1	4	2
4	2	1	3
1	3	2	4

Puzzle 19

1	4	2	3
3	2	4	1
2	3	1	4
4	1	3	2

Puzzle 20

2	3	1	4
4	1	3	2
1	4	2	3
3	2	4	1

Puzzle 21

3	4	1	2
2	1	3	4
1	2	4	3
4	3	2	1

Puzzle 22

1	3	4	2
2	4	1	3
4	2	3	1
3	1	2	4

Puzzle 23

2	1	4	3
3	4	1	2
1	2	3	4
4	3	2	1

Puzzle 24

4	3	2	1
2	1	4	3
1	4	3	2
3	2	1	4

Puzzle 25

1	3	4	2
2	4	1	3
3	1	2	4
4	2	3	1

Puzzle 26

2	4	1	3
3	1	4	2
1	2	3	4
4	3	2	1